U0930863

中国出口信用保险公司政策性职能履行评估报告

（2015~2017）

国务院发展研究中心宏观经济研究部
中　国　出　口　信　用　保　险　公　司
联合课题组　著

图书在版编目（CIP）数据

中国出口信用保险公司政策性职能履行评估报告：2015～2017/国务院发展研究中心宏观经济研究部、中国出口信用保险公司联合课题组著．—北京：中国发展出版社，2018.11

ISBN 978－7－5177－0934－3

Ⅰ.①中… Ⅱ.①国… ②中… Ⅲ.①出口信用保险—金融政策—研究报告—中国—2015－2017 Ⅳ.①F842.685

中国版本图书馆 CIP 数据核字（2018）第 254621 号

书　　名：中国出口信用保险公司政策性职能履行评估报告：2015～2017
著作责任者：国务院发展研究中心宏观经济研究部、中国出口信用保险公司联合课题组
出版发行：中国发展出版社
（北京市西城区百万庄大街 16 号 8 层　100037）
标准书号：ISBN 978－7－5177－0934－3
经　销　者：各地新华书店
印　刷　者：河北鑫兆源印刷有限公司
开　　本：710mm×1000mm　1/16
印　　张：12.25
字　　数：156 千字
版　　次：2019 年 2 月第 1 版
印　　次：2019 年 2 月第 1 次印刷
定　　价：68.00 元

联系电话：（010）68990642　68990692
购书热线：（010）68990682　68990686
网络订购：http：//zgfzcbs.tmall.com//
网购电话：（010）68990639　88333349
本社网址：http：//www.develpress.com.cn
电子邮件：271799043@qq.com

“中国出口信用保险公司政策性职能履行评估”课题组

课题负责人

王一鸣　国务院发展研究中心副主任、研究员
王　毅　中国出口信用保险公司董事长、党委书记

课题协调人

陈昌盛　国务院发展研究中心宏观经济研究部部长、研究员
查卫民　中国出口信用保险公司副总经理、党委委员
宋全成　中国出口信用保险公司发展战略部总经理

课题联络人

杨光普　国务院发展研究中心宏观经济研究部副研究员
姚仲诚　中国出口信用保险公司发展战略部发展研究处主管

课题组成员

魏加宁　国务院发展研究中心宏观经济研究部巡视员、研究员
许　伟　国务院发展研究中心宏观经济研究部研究室主任、研究员
张俊伟　国务院发展研究中心宏观经济研究部研究室主任、研究员
范建军　国务院发展研究中心宏观经济研究部调研员、研究员
戴　慧　国务院发展研究中心宏观经济研究部研究室副主任、副研究员
王莹莹　国务院发展研究中心宏观经济研究部研究室副主任、助理研究员
江　宇　国务院发展研究中心宏观经济研究部副调研员、副研究员
兰宗敏　国务院发展研究中心办公厅副研究员
李承健　国务院发展研究中心宏观经济研究部副研究员
付英晟　中国出口信用保险公司发展战略部总经理助理
邹　伟　中国出口信用保险公司发展战略部发展研究处处室负责人
崔　进　中国出口信用保险公司发展战略部发展研究处主管
费　凡　中国出口信用保险公司发展战略部发展研究处高级主办
孟　欣　中国出口信用保险公司发展战略部发展研究处主办
王　东　中国出口信用保险公司国别风险研究中心综合规划处处长
杜　凌　中国出口信用保险公司信息技术管理部统计管理处主管

前 言

近年来，国务院发展研究中心秉承党中央、国务院所赋予的“研究中国国民经济、社会发展和改革开放中的全局性、战略性、前瞻性、长期性以及热点、难点问题，开展对重大改革和政策的独立评估和客观解读，为党中央、国务院提供政策建议和咨询意见”的主要职能，围绕不同领域、不同层面的多项重大政策，开展了多项第三方评估。有关方面对国务院发展研究中心所提交的第三方评估报告的客观性、公正性、独立性、专业性均给予充分肯定。

积极发展政策性金融，助力我国企业“走出去”，是我国提升对外开放水平和质量的战略性安排。中国出口信用保险公司（以下简称中国信保）是我国唯一承办出口信用保险业务的政策性保险公司，也是我国四家政策性金融机构之一，其主要职责是通过为对外贸易和对外投资合作提供保险等服务，促进对外经济贸易发展。鉴于决策层和社会公众对中国信保的政策性履职情况都很关心，自 2013 年起，国务院发展研究中心宏观经济研究部开展了一项创新性的尝试，与中国信保成立联合课题组，探索对政策性金融机构政策性职能履行情况开展第三方评估工作。

课题组在参考国际上对出口信用保险机构政策性职能通用评价指标基础上，坚持科学性、全面性、可操作性、可持续性四大基本原则，围绕中国信保的职能定位，力求设计出一套科学、系统、可持续的评价指标体系，以实现对中国信保政策性职能履行情况的量化评估。同时，辅之以客户问卷调查等方式，对量化评估结果做进一步补充和完善，以使评估更全面、更符合实际。

截至 2018 年，课题组已完成六期评估工作。其中，2012 ~2014 年的评估报告已结集出版。在评估研究过程中，课题组每一年都会在前期成果基础上不断总结经验，对一些不足之处进行修正和完善，力求更加科学、严谨、客观地向社会公众展示中国信保履行政策性职能的情况。例如，2014 年，将问卷调查范围从中国信保客户扩展到全国外贸企业和各省（市、区）商务厅，以获取更为全面的反馈信息；2015 年，响应国家提出的“一带一路”倡议，增加“一带一路”渗透率指标；2017 年，课题组深入到“一带一路”沿线国家调研，同中国信保服务的国内外企业进行座谈，以更充分反映中国信保服务“一带一路”建设的情况。

总体看，中国信保认真贯彻落实党中央、国务院的决策部署，全面履行了国家赋予的政策性职能，在促进出口、支持外贸转型升级、拉动经济增长、配合国家外交战略、为企业“走出去”提供风险保障等方面都发挥了重要作用。一是出口信用保险覆盖面不断扩大。中国信保认真贯彻落实国家要求，积极扩大出口信用保险覆盖面，对大型成套设备出口融资保险应保尽保，出口渗透率、客户覆盖率等指标不断提高。二是全力服务“一带一路”建设。紧紧围绕国家推进“一带一路”建设的重大决策部署，努力提升对“走出去”企业的风险保障和融资服务水平，有力推动重大项目顺利实施，有效推进了我国与“一带一路”沿线国家的设施联通、贸易畅通与资金融通。三是积极支持外贸稳定增长和转型升级。统筹资源配置，不断加大对品牌企业、行业龙头企业、战略性新兴产业和外贸新业态的支持力度，积极推动我国外贸由“量的增长”向“质的提升”转变。四是大力支持小微企业发展。把服务小微企业发展作为支持实体经济的重要举措，不断完善业务制度，开发专属产品，创新承保模式，提高融资便利化水平和理赔效率，切实支持小微企业发展。五是充分发挥风险补偿、保单融资功能。凭借风险管理专业优势，帮助企业防范化解政治风险和商业风险，最大限度地追偿减损，保障企业持续稳定经营。

回顾2017年，我国经济增长的稳定性、韧性、活力、可持续性不断提升，增长的内涵不断优化，增长空间不断拓展，促进经济高质量发展的有利条件不断增多。就外部环境而言，世界经济出现了自国际金融危机以来的首次普遍增长，全球GDP增速达3.8%，与此同时，全球货物和服务贸易在经历两年疲软之后也出现了大幅回升。但也要注意到，全球化与多边贸易框架正面临一些中长期的挑战，受单边主义、保护主义、民粹主义倾向的影响，以美国为代表的一些发达经济体采取了贸易保护主义行动，由此引发的经贸摩擦对正在复苏的全球贸易和投资造成影响和冲击。中国信保围绕服务国家开放型经济，继续扩大信用保险覆盖面，帮助企业开拓国际市场，有效承担并化解企业“走出去”过程中的商业风险和政治风险。2017年，中国信保总体业务承保金额首次超过5000亿美元，业务规模创历史新高。其中，支持出口4366.6亿美元，增长9.8%，高于全国出口贸易增速1.9个百分点。出口渗透率达到19.3%，同比提高0.3个百分点，为中国信保成立以来首次超过19%；客户覆盖率达24.6%，同比提高3.1个百分点，连续第2年超过20%；小微企业覆盖率达25.4%，同比提高4.1个百分点，也是连续第2年超过20%。

2018年以来，面对复杂严峻的国内外环境，我国经济运行总体平稳、稳中有进，呈现增速基本平稳、结构调整优化、质量效益提升、风险总体可控的特点，各方面推动高质量发展的主动性有所增强。今年前三季度，国内生产总值65.09万亿元，按可比价格计算，同比增长6.7%，连续13个季度保持在6.5%以上。展望2019年，我们既要保持清醒头脑，增强忧患意识，看到经济运行稳中有变、变中有忧，外部环境复杂严峻，经济依然面临下行压力，也要善于从长期大势认清前景，认识到“我国发展仍处在并将长期处于重要战略机遇期”的重大判断没有变，经济发展长期向好的基本面没有变。

从外部环境看，全球经济复苏态势有所分化，但外需环境总体向好，中美贸易摩擦是外部环境中最大的不确定因素。今年以来，美国政府不仅对我国实施“反补贴”“反倾销”“337”等常规性贸易救济调查，还启动了“301”调查、“201”调查、“232”调查、“全球保障措施”以及对我国出口商品加征关税等非常规性贸易保护措施。我们必须充分认识中美贸易摩擦的必然性、长期性和复杂性，从长远和全局的高度平衡好出口和内需、贸易和生产、短期增长和长期发展的关系。在此背景下，中国信保在履行稳定外贸发展、培育外贸竞争新优势等政策性职能上将有发挥更加积极作用的空间。

在评估工作告一段落之际，课题组将 2015 ~2017 年的评估报告结集成册并出版发行，希望可以为相关部门、研究机构和专家学者提供有价值的参考资料，促进我国政策性金融机构更好地发展，更好地发挥政策性金融机构职能，推动发展更高层次的开放型经济，推动形成全面开放新格局。同时，课题组也感谢历年评估研究过程中为我们提供点评意见和修改建议的专家学者，他们的建设性意见为我们完善评估报告提供了宝贵的帮助。

由于我们在理论、经验及认识上的局限，书中难免有纰漏和不当之处，还望广大读者给予批评指正。

“中国出口信用保险公司政策性职能履行评估”课题组

2018 年 12 月 24 日

目　录

第一部分
中国出口信用保险公司政策性职能履行评估报告
(2017 年度)

第二部分
中国出口信用保险公司政策性职能履行评估报告
(2016 年度)

第三部分
中国出口信用保险公司政策性职能履行评估报告
（2015 年度）

第一部分

中国出口信用保险公司政策性职能履行评估报告（2017 年度）

第一章

2017 年度我国宏观经济及外贸形势回顾

2017 年，在以习近平同志为核心的党中央坚强领导下，各地区各部门坚持稳中求进工作总基调，坚持以推进供给侧结构性改革为主线，加强预期引导，我国经济增速连续下滑 6 年之后首次回升，增速与就业、物价、效益等指标更趋匹配，结构发生积极转变，增长动力稳步转换，中高速增长平台基本确立，为推动高质量发展创造了更多有利条件。

一、我国经济基本面转向高质量发展特征更趋明显

过去的一年，我国经济运行呈现宏观趋稳、微观向好的积极局面，经济增速稳的态势更加巩固。2017 年 GDP 增速小幅回升至6.9%，并连续 10 个季度保持在6.7% ~6.9%之间。经济增速与就业、物价、效益等指标更趋匹配，并已逐步调整至与中高速增长潜力相适应的水平。同时，结构发生积极转变，增长动力稳步转换，中高速增长平台基本确立，经济转向高质量发展的特征更趋明显。

（一）经济增长从投资驱动为主转向消费驱动为主

2017 年固定资产投资增长 7.2%，实际增速低于 GDP 增速，投资对经

济增长的贡献也降至 32.1%，这些都是自 2001 年以来从未有过的现象。投资驱动特征逐步弱化的同时，经济增长更加依靠消费驱动的特征进一步凸显。我国社会消费品零售总额超过 5.4 万亿美元，规模第一次与美国最终销售的商品总额相当。投资和消费作用对比发生转折性变化，是在经济增速总体平稳和全要素生产率增速回升情况下实现的，说明经济从投资驱动转向消费驱动，投资边际回报有望改善，增长的内在稳定性不断提高。

（二）劳动供求从数量矛盾转向质量矛盾

过去五年，我国每年城镇新增就业人数均在 1300 万左右，GDP 每增长一个百分点，对应新增就业在 180 万左右。2017 年，城镇登记失业率和调查失业率均创新低，表明经济增长对就业的吸纳能力增强，总量层面的就业压力并不明显。但与此同时，劳动力市场分割、就业环境不佳、就业相关的公共服务不完善等质量短板，与创新驱动、产业升级不相适应的问题更为突出，说明随着发展阶段不断提升，新旧动能转换不断加快，经济运行对要素的质量提出了更高要求，对高素质人力资本的需要不断增强，劳动力供求的数量矛盾已经转化为质量矛盾。

（三）企业经营逐步从速度效益型转向质量效益型

长期以来，我国企业经营具有明显的速度效益型特点，经济增速升，企业效益好，经济增速降，企业效益差。但近两年，供给侧结构性改革效应不断释放，市场自发调整出清过程加快，企业成本控制、新产品服务开发能力增强，行业的集中度明显提升，传统与新兴发展的融合发展也不断深入，企业利润显著改善，市场化主体对经济增速下行的适应性逐步增强。2017 年与 2015 年相比，GDP 同比均增长 6.9%，但 2017 年规模以上工业企业利润同比增长 21%，2015 年则下降了 2.3%。在相对低速的增长环境下，企业盈利出现明显改善，表明经济增长的微观活力不断增强。

（四）经济风险从不断聚集转向逐步缓释

2017年，通过去杠杆、规范举债行为和严格金融监管，金融体系内部资金空转的现象得到一定遏制，非金融企业的资产负债率持续下降，宏观杠杆率上升幅度明显放缓，资金脱实向虚问题有所缓解，风险快速积累态势得到初步遏制。根据国际清算银行测算，2017年上半年我国非金融债务占GDP为255.9%，略高于2016年同期水平，杠杆呈现由升转稳的态势。其中，非金融企业杠杆率（负债与GDP的比值）甚至呈现一定下降态势。与此相对应，金融业增加值连续两年增速均为4.5%，创下1980年以来新低，实体经济与金融失衡程度有所减轻。特别值得注意的是，加大防范化解重大风险力度的同时，经济运行在宏观和微观层面都表现出了积极的迹象，经济增长的韧性不断增强。

（五）市场预期和企业家信心逐步转向恢复

民间投资、制造业投资增长能否企稳，是判断中高速增长是否可持续的一个关键指标。2017年，随着企业盈利好转、产能利用率提升、传统领域供求关系改善，再加上新经济部门快速发展，市场预期和企业增扩产能的信心有所恢复，市场化程度高、内生性强的民间和制造业投资增长由持续下降逐步转稳。与此同时，2017年，治理决心之坚决前所未有，环境治理力度之大前所未有，治理效果之显著前所未有。环保门槛提高、环保执法趋严，进一步巩固了绿色转型的预期。在新的约束条件下，行业优胜劣汰、转型升级步伐正在不断加快，经济增长的质量和内涵不断优化。

总的来说，过去的一年，经济增长的稳定性、韧性、活力、可持续性不断提升，增长的内涵不断优化，增长空间不断拓展，促进经济高质量发展的有利条件不断增多。我国继续坚持稳中求进工作总基调，坚持新发展理念，坚持以供给侧结构性改革为主线，紧扣我国社会主要矛盾变化，大力推进改革开放，创新和完善宏观调控，推动质量变革、效率变革、动力变革，打好防范化解重大风险、精准扶贫和污染防治三大攻坚战，促进经济持续健康增长，进一步夯实高质量发展基础。

二、世界经济与全球贸易复苏向好，但中长期不确定因素在积累

2017 年，世界经济出现了自国际金融危机以来的首次普遍增长，主要经济体共同复苏力度和广度均超预期，经济合作与发展组织（OECD）监测的 45 个经济体全部实现正增长，全球 GDP 增速达 3.8%。伴随世界经济的复苏，尤其是发达经济体投资增加以及新兴经济体消费和出口扩张，全球货物和服务贸易在经历两年疲软之后也出现了大幅回升。与此同时，也要注意到，全球化与多边贸易框架正面临一些中长期的挑战，受单边化、内顾化、民粹主义倾向的影响，以美国为代表的一些发达经济体采取了贸易保护主义行动，由此引发的经贸摩擦可能会打击正在复苏的全球贸易和投资。

（一）全球经济复苏向好，取得十年来最好表现

2008 年国际金融危机以后，世界经济和贸易增长持续低迷，复苏乏力。但从 2016 年下半年开始，世界经济复苏的力度和广度均超过预期，2017 年 GDP 增速达 3.8%，比 2016 年高 0.5 个百分点，也比国际货币基金组织（IMF）3 次上调后的预计增速高 0.2 个百分点。从广度看，在本

轮复苏中，发达国家和发展中国家均取得了广泛的增长：2017 年 OECD 监测的 45 个经济体全部实现正增长，2016 年 GDP 排名前 50 的经济体有 34 个在 2017 年 GDP 增速超过 2016 年。从原因看，全球经济此轮复苏的主要动力在于发达经济体的投资复苏、新兴经济体投资下滑趋势终止以及来自私人部门消费增速的提高。IMF 数据显示，2017 年发达经济体 GDP 增速较 2016 年提高 0.6 个百分点，几乎完全是由受宽松货币政策、资产负债表修复和盈利预期改善影响而增加的投资需求所拉动的。但分国别来看，复苏因素存在差异，如中国与印度的复苏主要来自出口改善，部分大宗商品出口经济体的复苏主要来自前期大宗商品价格下跌导致投资低迷所带来的低基数效应。

（二）国际贸易增速自国际金融危机以来首次超过 GDP 增速

根据 IMF 数据显示，全球货物和服务贸易在经历两年疲软之后于 2017 年大幅回升，估计实际增长率为 4.9%，超过 GDP 增速 1.1 个百分点。其中，新兴市场和发展中经济体的贸易改善更加显著，从 2016 年的 2.2% 上升到 2017 年的 6.4%。从国际贸易改善的动力看，在发达经济体中，德国、日本、英国和美国等重要出口国为全球出口复苏作出了强有力的贡献，除美国外的多数发达经济体都出现了进口复苏；在新兴经济体和发展中经济体中，出口反弹主要由亚洲新兴市场经济体，尤其是中国的强劲出口增长驱动；与此相反，进口反弹则主要因为大宗商品出口国 2015 ~ 2016 年因为大宗商品价格低迷而经历急剧的投资和进口收缩后，随大宗商品价格回升而出现报复性增长。

（三）资本品贸易受投资需求扩张影响出现繁荣

发达经济体的投资支出增加以及大宗商品出口商固定资产投资收缩的

结束，进一步带动了全球以机电产品为代表的资本品贸易的繁荣。据联合国及 WTO 的海关编码分类数据，最重要的两个资本品类别，第十六类（机器、机械器具、电气设备及其零件；录音机及放声机、电视图像、声音的录制和重放设备及其零件、附件）和第十七类（车辆、航空器、船舶及有关运输设备）商品的出口额名义增速分别为 10.0% 和 4.7%，均创下 2011 年以来的新高。其中，机器、机械器具、电气设备及其零件；录音机及放声机、电视图像、声音的录制和重放设备及其零件、附件；铁道及电车道机车、车辆及其零件，铁道及电车道轨道固定装置及其零件、附件，各种机械（包括电动机械）交通信号设备 3 个门类的出口额名义增速分别为 9.6%、10.4% 和 13.2%，分别超过世界出口总额名义增速 0.8 个、1.6 个和 4.4 个百分点。

（四）贸易保护主义在世界范围内显著升温

受单边化、内顾化、民粹主义倾向的影响，以美国为代表的一些发达经济体采取了贸易保护主义行动，甚至通过价格、税收等途径限制外国产品进口，加强安全审查限制外国投资，全球经贸摩擦显著增加。2017 年，WTO 成员共提出 17 项磋商请求，而 2016 年、2015 年请求数量分别为 16 项、13 项。其中美国、加拿大和卡塔尔各有 3 项，俄罗斯和乌克兰各有 2 项。2017 年，WTO 月均受理贸易上诉、仲裁程序达 38.5 起，比 2016 年增加 19.2%，比 2013 年增加 85.1%。作为世界上第一大出口国和第二大进口国，中国的国际贸易环境也因此面临挑战。根据中国加入 WTO 时签署的有关协定，中国加入 WTO 满 15 年后，即自 2016 年 12 月 11 日起，所有成员国在对中国出口产品反倾销调查时都必须终止使用“替代国”方法，但一些国家通过替代性标准，变相违反 WTO 成员国的条约义务，实质都是贸易保护主义的表现。不仅如此，美国也正在利用包括 301 调查、232 调查等手段向我国挑起贸易争端。贸易保护主义升温可能抑制全球投资增长与技术进步，危及尚未完全稳固的全球经济复苏进程，破坏现有世界价值链体系，降低全球消费者的福利。

（五）全球多边贸易框架和区域贸易合作受到前所未有的挑战

创立已超 70 年的 WTO，为各成员国谋求合作共赢搭建了一个有效平台。根据时代变化的要求，以世贸组织为核心的全球多边贸易框架需要做出改进和完善，但是这些努力正面临重重阻力，过去两年都止步不前。在 2017 年 12 月于布宜诺斯艾利斯举行的 WTO 部长级会议中，各国关于多哈发展议程仍旧分歧严重，未能在关键议题上取得任何突破。在全球贸易协定缺少进展的同时，区域贸易合作也正在受到挑战。美国作为现行全球化和国际贸易体系的领导者，不仅在改进全球多边贸易体系上无所作为，而且还退出了努力多年的跨太平洋伙伴关系协定（TPP），甚至对包括北美自由贸易协定在内的区域合作框架也提出了重新谈判的要求。同时，即将脱离欧盟的英国也表达了脱离欧盟关税同盟和寻求独立贸易政策的意愿。这些迹象都将削弱二战以来形成的关税贸易总协定/WTO 框架。这无疑会使未来的国际贸易面临高成本、碎片化风险，伤害全球经济增长。

三、我国对外贸易增速显著回升，结构继续优化

受全球经济广泛复苏、“一带一路”建设深入开展和国内供给侧结构性改革与产业结构升级政策的带动，2017 年我国对外贸易呈现积极态势，进出口增速显著提高、结构优化、效益提升、外贸新业态持续发展，为世

界经济复苏作出重要贡献。

（一）进出口增速显著提高

2017 年，我国货物进出口总额达 27.80 万亿元，扭转了连续两年负增长的局面，增速创近 6 年新高，达到 14.2%，大幅超过 2016 年的 -0.9%。其中，出口 15.33 万亿元，较上年增长 10.8%；进口 12.47 万亿元，较上年增长 18.7%；全年贸易顺差为 2.86 万亿元，下降 14.5%，连续两年下降，表明我国对外贸易开始向收支平衡发展[①]。分月度来看，全年 12 个月货物进出口总额均实现同比增长，且除 12 月以外增速均超过 10%，显示出持续回稳向好态势。

（二）出口结构继续优化

在 2017 年对外贸易状况整体显著改善的情况下，我国对外贸易出口在贸易方式结构、产品结构、出口市场结构和出口企业结构上均呈现出继续优化的特征。从贸易方式看，2017 年我国一般贸易进出口 15.66 万亿元，增长 16.8%，占进出口总值的 56.4%，较 2016 年提高 1.3 个百分点；加工贸易进出口 8.06 万亿元，增长 9.6%，占进出口总值的 29.0%。从主要出口产品看，机电产品和高新技术产品的出口增速持续高于劳动密集型产品，出口占比持续提高，反映我国供给侧结构性改革与产业结构转型升级取得成效。2017 年，我国机电产品出口 8.95 万亿元，增长 12.1%，占我国出口总值的 58.4%，比 2016 年提高 0.7 个百分点。高新技术产品出口 4.52 万亿元，增长 13.3%，出口占比达 29.4%，较 2016 年提高 0.6 个百分点。其中，汽车、计算机、手机出口增速分别为 27.2%、16.6% 和

① 以美元价格计，2017 年我国货物进出口总额达 4.10 万亿美元，其中出口 2.26 万亿美元，进口 1.84 万亿美元，贸易顺差 0.42 万亿美元。

11.3%。机电产品和高新技术产品出口增速快于出口总体增速，反映我国出口商品结构进一步改善，企业技术实力进一步增强。七大类劳动密集型产品出口3.08万亿元，增长6.9%，占出口总值的20.1%，较2016年下降0.7个百分点。从出口市场结构看，我国在巩固对发达经济体出口份额的同时，对“一带一路”沿线国家和新兴市场国家出口都取得了高速增长。2017年，我国对发达经济体进出口全面回升，对欧盟、美国出口分别增长12.6%和14.5%，二者共占我国出口总值的35.4%。随着“一带一路”建设的深入推进和对新兴市场的积极开拓，我国对巴西、印度、俄罗斯、南非等“金砖国家”和“一带一路”沿线国家出口实现快速增长，增幅分别达35.2%、19.8%、17.7%、和18.5%，均远高于我国出口总体增速。从出口企业性质看，民营企业在我国对外贸易中地位进一步提升。2017年，民营企业进出口10.8万亿元，增长15.3%，占我国进出口总额的38.5%，较2016年提高0.4个百分点，对进出口增长贡献率达41.2%。其中，出口7.14万亿元，增长12.2%，占出口总额的46.6%，比2016年高0.6个百分点；进口3.67万亿元，增长21.8%。

（三）进口效益进一步提升

2017年，我国机电产品进口5.78万亿元，增长13.3%。部分重要设备和关键零部件、优质消费品进口较快增长，其中发动机、集成电路和数控机床进口分别增长17.6%、17.3%和13.8%。我国能源资源产品进口增长较快，保障了国内市场需求，缓解了经济发展面临的资源约束。原油、铁矿砂、天然气、钢材、铜精矿等10类大宗商品合计进口2.88万亿元，增长36.3%，占我国进口总值的23.1%，较2016年提高3个百分点。我国是增长最快的全球主要进口市场，按美元计算，2017年我国进口增速比美国、德国、日本和全球分别高出 8.9 个、5.5 个、5.4 个和 5.3 个百分点，进口占全球份额为 10.2%，较 2016 年提高 0.5 个百分点。

（四）外贸新业态积聚发展

跨境电子商务、市场采购贸易等贸易新业态快速增长，有效满足甚至创造了市场需求，成为驱动我国经济增长的新动能。2017 年，通过海关跨境电商管理平台零售进出口总额达到 902.4 亿元，增长 80.6%。与此同时，服务贸易也稳步发展。2017 年，我国服务进出口总额达 4.70 万亿元，增长 6.8%，较 2016 年低 5.4 个百分点。其中，出口 1.54 万亿元，增长 10.6%，为 2011 年以来首次超过进口增速；进口 3.16 万亿元，增长 5.1%。

第二章

2017 年度中国信保经营情况

2017 年，中国信保在党中央、国务院的坚强领导下，在国家有关部委和出资人的指导支持下，深入贯彻落实党的十九大精神以及中央经济工作会议、全国金融工作会议部署，以习近平新时代中国特色社会主义思想为指导，加强党的领导，坚持稳中求进工作总基调，坚持新发展理念，以服务“一带一路”建设为统领，突出服务实体经济、防范化解风险、深化内部改革三大任务，各项工作取得了明显成效。

一、总体经营业绩概述

2017 年，中国信保的保险及担保业务实现承保金额 5245.9 亿美元（见表 1），同比增长（简称“增长”）10.9%。全年服务支持客户 8.6 万家，增长 20.6%。其中，出口信用保险承保金额 4366.6 亿美元，增长 9.8%，高于同期全国出口增幅 1.9 个百分点；覆盖面进一步扩大，出口信用保险对我国出口总额的渗透率达到 19.3%（见表 1），比 2016 年提高 0.3 个百分点。2017 年末，公司所有者权益总额为 377.2 亿元，国有资本保值增值率为 109.2%，在支持实体经济发展、促进外贸回稳向好的同时，实现了国有资本增值。

表 1　2013～2017 年中国信保经营概况　　单位：亿美元

指标名称	2013 年	2014 年	2015 年	2016 年	2017 年
承保金额	3969.7	4455.8	4715.1	4731.2	5245.9
承保保费	22.1	29.1	26.0	25.5	27.4
已决赔款	13.0	11.2	14.5	12.7	13.7
出口渗透率（%）	14.8	15.6	16.9	19.0	19.3

截至 2017 年末，中国信保累计承保金额 3.4 万亿美元，其中，95% 的保额是国际金融危机以来实现的；累计签署项目类保单超 6300 个，保额合计超 6500 亿美元；累计向企业支付赔款超 108 亿美元。

二、分险种业务经营情况

（一）短期出口信用保险业务

2017 年，短期出口信用保险承保金额 4128.0 亿美元（见表 2），增长 10.0%。其中，支持对“一带一路”沿线国家出口 825.8 亿美元，增长 7.3%；支持对新兴市场国家出口 1597.3 亿美元，增长 12.0%；支持服务贸易出口 272.6 亿美元，增长 18.3%；加大对跨境电商和外贸综合服务平台等外贸新业态的支持力度，辐射出口企业 1 万余家，累计支持出口金额达 63.0 亿美元；支持小微企业 6.4 万家，支持小微企业出口 575.0 亿美元。

（二）中长期出口信用保险业务

2017 年，中长期出口信用保险新增保额 240.9 亿美元[①]，增长 6.5%，

① 此处为新增保额口径，当年实际承保金额 238.6 亿美元，增长 7.1%。

主要分布在电力、交通、船舶海工、采矿、电信、建筑等行业。从承保国别看，覆盖53个国家和地区，实现了对埃及、巴林、比利时、布隆迪、芬兰、刚果（金）、黑山共和国、塞拉利昂、意大利、伊拉克、约旦等11个国别的历史首次承保。

（三）海外投资保险业务

2017年，海外投资保险实现承保金额488.9亿美元（见表2），增长14.6%，主要分布在能源矿产、电力、冶金、制造业等行业。从承保国别看，覆盖75个国家和地区，实现了对阿尔及利亚、阿曼、多哥、吉布提、塞尔维亚、塞舌尔、文莱等7个国别的历史首次承保。

（四）国内贸易信用保险业务

2017年，国内贸易信用保险实现承保金额2559.1亿元（见表2），增长23.4%。行业方面，电子消费品制造和零售两大板块承保金额占比45%，钢铁、有色等重工业板块承保金额占比10%，生产型客户和专业贸易商保单数量占比93%。

（五）担保业务

2017年，中国信保围绕出口信用保险及海外投资保险客户需求，不断探索融资模式创新；持续拓展保函业务渠道，推出法语、西班牙语、葡萄牙语等多语种保函服务。新增担保责任金额79.9亿元（见表2），增长64.6%，责任余额244.2亿元。

表2　2013～2017年中国信保分险种承保金额　　单位：亿美元

指标名称	2013年	2014年	2015年	2016年	2017年
短期出口信用保险	3093.0	3448.2	3638.8	3752.4	4128.0
中长期出口信用保险	181.5	202.5	217.6	222.9	238.6

续表

指标名称	2013 年	2014 年	2015 年	2016 年	2017 年
海外投资保险	303. 8	358. 4	409. 4	426. 5	488. 9
国内贸易信用保险（亿元）	2320. 9	2579. 0	2323. 2	2074. 6	2559. 1
担保业务（亿元）	69. 3	147. 5	430. 5	102. 3	79. 9
其他	3. 1	0. 7	3. 2	0. 4	0. 1

三、其他服务开展情况

（一）理赔追偿服务

2017 年，中国信保通过多项有效措施，全面提升理赔服务效率。出口信用保险平均赔付同比缩短 17 天；国内贸易信用保险平均赔付时间同比缩短 91 天；“小微企业信保易”平均赔付时间同比缩短 33 天。

追偿渠道的地域和功能布局日趋合理，全年开发“一带一路”沿线国别渠道 23 家，船舶海工渠道 23 家。截至 2017 年末，在库渠道 299 家，增长 18%，覆盖全部 227 个承保国家和地区。

（二）信用保险项下融资

中国信保通过赔款转让、应收账款转让和融资银行直接投保信用保险三种模式，为企业提供保险项下融资服务。2017 年，共支持企业获得银行融资 3212 亿元，增长 23. 4%。截至 2017 年底，与中国信保有实际合作业务的银行达 251 家，累计支持企业获得银行融资超过 3 万亿元。

（三）资信评估

截至 2017 年底，中国信保共拥有海内外资信信息渠道 200 余家，资信调查业务覆盖 200 多个国家和地区。目前，中国信保资信业务涵盖国别、行业、企业与银行等风险主体，可提供海内外企业及银行资信调查、信用评级、行业研究、海外投资咨询、信用管理咨询及风险管理培训等全方位资信服务，建立了多层次全覆盖的信用风险产品服务体系。2017 年，中国信保提供海内外企业资信报告 42.6 万份，提供行业研究报告 285 份。

第三章

2017 年度中国信保政策性职能履行绩效评估

本章就 2017 年度中国信保政策性职能履行情况进行了定量评估。评估结果显示，中国信保在促进出口、拉动经济增长、服务国家重大战略、推进外贸转型升级、为企业“走出去”提供风险保障等方面持续发挥积极且重要的作用。

一、指标体系测算结果及分析

（一）指标测算结果

依据“中国信保政策性职能履行评价指标体系”（指标体系构建方案、计算方法详见附录一），2017 年中国信保政策性职能履行情况测算结果如表 1 所示。

（二）测算结果分析与绩效评价

1. 助推开放型经济稳步发展

2017 年中国信保认真落实党中央、国务院的决策部署，大力促进外贸回稳向好，保障实体经济发展，带动社会就业。

表 1　中国信保政策性职能履行评价指标数据[1]

序　号	指　标	2013 年	2014 年	2015 年	2016 年	2017 年
1	出口拉动比例	23.89	23.76	25.12	27.57	26.56
2	投资拉动比例	3.48	3.41	3.64	3.68	3.42
3	消费拉动比例	1.62	1.58	1.52	1.53	1.54
4	信用保险对 GDP 的贡献率	5.56	5.38	5.16	5.17	4.91
5	就业拉动比例	10.14	9.88	10.42	10.92	10.82
6	重点地区渗透率[2]	—	—	—	—	—
7	海外投资渗透率	5.00	7.80	6.08	2.83	6.94
8	对外承包工程覆盖率	16.76	20.60	17.30	16.12	18.01
9	“一带一路”渗透率[3]	—	10.91	14.00	13.61	14.32
10	“一带一路”业务占比[3]	—	23.89	27.28	25.74	26.64
11	出口渗透率	14.82	15.59	16.96	18.95	19.29
12	客户覆盖率	14.98	16.78	17.85	21.41	24.55
13	新兴市场渗透率	17.39	18.25	20.43	22.82	23.74
14	新兴市场业务占比	41.98	43.62	44.65	45.71	46.60
15	重点行业渗透率	12.36	13.06	13.59	14.50	14.41
16	重点行业业务占比	70.97	72.57	70.95	68.95	64.17
17	重点国别渗透率	11.61	13.25	14.37	14.86	15.03
18	重点国别业务占比	22.73	25.09	22.48	21.30	21.37
19	中西部地区出口险保额渗透率	10.73	10.72	11.04	12.11	12.51
20	中西部地区海外投资支持率	33.47	25.04	15.24	14.72	31.26
21	东北老工业基地出口险保额渗透率	14.98	17.05	17.90	17.72	22.31
22	东北老工业基地海外投资支持率	12.61	11.27	12.24	5.44	6.44
23	损失补偿（亿美元）	12.67	10.71	13.74	11.68	12.95
24	追偿效果（亿美元）	3.16	3.61	3.28	2.48	3.35
25	融资比例	4.59	4.33	3.28	2.97	2.87
26	小微企业覆盖率	13.76	16.31	17.47	21.26	25.38

注：1. 除特别说明外，指标单位均为%；

2. 重点地区渗透率参见表 2；

3. “一带一路”渗透率、“一带一路”业务占比两项指标，均为 2014 年度报告中新加入指标体系的指标，相关数据从 2014 年度开始统计；

4. 部分历史数据根据统计口径变化进行了相应调整。

从促进出口的效果看，2017 年信用保险的出口拉动金额超过 6000 亿美元，占同期我国出口总额的比重达 26.6%。

从信用保险对 GDP 的贡献率看，2017 年为 4.9%。

从对就业的拉动效果看，2017 年达到 10.8%，带动的就业人数已连续三年超过 1500 万人。

2. 服务“一带一路”建设和经济外交取得新成效

2017 年，中国信保加大力度服务“一带一路”建设，成立了电力装备、海外租赁、存量海外投资 3 个业务支持推动小组，聚焦项目落实，全年获得政府批复的项目保额超 300 亿美元，增长 48%；着力攻坚次主权信用等难点，向国家报送重大项目 75 个，合同金额逾 400 亿美元。

从对部分重点地区的渗透率来看，2017 年中国信保对东盟、阿盟、非洲国家的渗透率均创历史新高，分别达到 11.1%、22.7% 和 35.8%；对上海合作组织成员国、俄罗斯的渗透率同比有所增长；对拉丁美洲国家、巴西、印度和南非的渗透率有所下降（见表 2）。

表 2　2013～2017 年中国信保对部分重点地区出口渗透率　　单位：%

重点国别	2013 年	2014 年	2015 年	2016 年	2017 年
东盟	9.4	9.5	9.4	9.6	11.1
阿盟	13.3	14.7	15.3	17.4	22.7
上海合作组织	21.3	10.1	24.2	9.4	10.5
拉丁美洲	16.8	20.0	20.9	17.3	15.8
非洲	19.6	25.1	19.3	34.6	35.8
俄罗斯	15.6	12.3	11.7	11.3	12.4
巴西	16.0	15.2	16.0	18.9	15.6
印度	13.6	13.4	15.2	16.4	16.2
南非	13.9	12.2	14.3	15.4	13.0

从对“一带一路”沿线国家渗透率来看，2017 年达 14.3%，同比提

高 0.7 个百分点；中国信保当年对“一带一路”业务占其总体业务的比重达 26.6%，同比提高 0.9 个百分点。

3. 出口险覆盖面进一步扩大

2017 年，政府工作报告和国务院、商务部有关会议、文件多次对出口信用保险提出了要求。中国信保认真贯彻落实国家要求，积极扩大出口信用保险覆盖面，对大型成套设备出口融资保险应保尽保，出口渗透率、客户覆盖率、小微企业覆盖率等指标均创中国信保成立以来新高。

其中，出口渗透率 2017 年达到 19.3%，同比提高 0.3 个百分点，为中国信保成立以来首次超过 19%。客户覆盖率达 24.6%，同比提高 3.1 个百分点，自 2016 年来连续第二年超过 20%。小微企业覆盖率 2017 年达 25.4%，同比提高 4.1 个百分点，自 2016 年来连续第二年超过 20%。

4. 积极支持外贸稳增长调结构转动力

2017 年，中国信保通过优化机制、创新产品服务，不断提高发展质量和效益，提升专业服务价值，进一步推进业务的转型发展，全力支持外贸新业态，大力培育扶持服务贸易、跨境电商和外贸综合服务平台等业务，并取得积极成效。

支持对新兴市场出口方面，2017 年新兴市场渗透率达 23.7%，同比提高 0.9 个百分点；新兴市场业务占比达到 46.6%，同比提高 0.9 个百分点。该两项指标均创中国信保成立以来新高。

支持重点行业方面，受加大对服务贸易等新业态支持力度的影响，2017 年重点行业渗透率 14.4%，同比微降 0.1 个百分点；重点行业业务占比为 64.2%，同比下降 4.8 个百分点。

支持重点国别方面，2017 年重点国别渗透率达 15.0%，同比增长 0.2 个百分点；重点国别业务占比达 21.4%，同比增长 0.1 个百分点。

5. 为企业"走出去"保驾护航

多年来，中国信保积极发挥信用保险的损失补偿和促进融资等作用，扩大企业的资金来源，保障企业的稳健经营，增强企业"走出去"的国际竞争力。

2017 年，中国信保向企业和银行支付赔款达 13.7 亿美元，增长 7.9%；实现追偿收入 3.4 亿美元，增长 34.6%；保障了企业的收汇风险，极大地缓解了企业经营压力。同时，信用保险支持企业获得银行融资逾 3200 亿元，2017 年融资比例达 2.9%。

（三）地区政策性职能履行绩效

2017 年，中国信保与上海市、湖南省和湖北省政府签署了战略合作协议；截至 2017 年末，共与 23 个省级政府、9 个副省级政府以及澳门特区政府签署了战略合作协议，全力支持地方外经贸发展。根据"中国信保地区政策性职能履行评价指标体系"（详见附录二），地区政策性职能履行情况包括宏观和微观两个方面，宏观方面说明分支机构政策性履职的宏观效能，分别从出口拉动和就业拉动两个方面进行评价；微观方面表示分支机构为实现政策性职能履行而开展的工作，涵盖支持出口、支持出口结构调整、支持"走出去"战略、支持企业发展等方面的指标。

2017 年地区政策性职能履行情况测算结果显示，在东南沿海外贸发达区域，信用保险对该地区出口及就业拉动效应较为明显。例如，江苏省出口信用保险拉动出口 823.6 亿美元，拉动就业 209.8 万人；广东省拉动出口 810.7 亿美元，拉动就业 206.5 万人；浙江省拉动出口 732.5 亿美元，拉动就业 186.6 万人。其他指标结果详见表 3"2017 年各地区政策性职能履行情况一览表"。

表 3　2017 年各地区政策性职能履行情况一览表

地　区	拉动出口金额（亿美元）	拉动就业人数（万人）	出口渗透率（%）	客户覆盖率（%）	新兴市场渗透率（%）	新兴市场业务占比（%）	重点行业渗透率（%）	重点行业业务占比（%）	重点国别渗透率（%）	重点国别业务占比（%）	"一带一路"渗透率（%）	"一带一路"业务占比（%）	损失补偿（万美元）	追偿效果（万美元）	小微企业覆盖率（%）
北京	619.8	157.9	75.8	23.1	–	88.3	55.4	30.2	—	52.2	70.0	58.5	23892.4	3270.0	20.9
天津	118.8	30.3	19.7	40.1	19.3	36.9	11.6	42.3	13.1	18.5	10.0	17.2	4170.8	265.9	43.7
河北	139.0	35.4	32.3	36.1	9.9	16.8	27.4	61.6	9.3	9.7	8.2	12.0	6162.4	562.9	41.6
山西	33.3	8.5	23.8	88.2	18.6	17.6	6.3	23.0	10.7	8.8	12.5	12.1	115.9	7.3	96.0
辽宁	158.5	40.4	23.2	17.8	23.4	33.0	13.5	38.8	4.8	3.7	25.7	29.7	3837.1	515.0	16.5
上海	513.8	130.9	19.3	10.8	17.7	25.0	14.9	62.7	20.3	17.9	18.3	22.3	5473.3	628.5	10.5
江苏	823.6	209.8	16.5	21.7	10.1	18.9	11.7	60.8	7.6	10.8	9.3	15.5	13891.8	2417.1	21.7
浙江	732.5	186.6	24.8	21.9	9.8	21.2	22.3	77.5	11.7	15.7	10.9	18.7	11889.8	2033.5	20.2
宁波	281.2	71.6	28.4	29.3	19.0	21.6	25.6	82.0	19.4	16.7	18.1	17.3	5218.8	1090.9	27.5
安徽	89.3	22.8	21.3	48.0	13.6	31.4	18.2	71.3	11.8	14.9	13.1	20.2	4719.3	360.4	62.0
福建	164.3	41.8	21.0	25.3	9.6	22.5	19.4	69.9	8.3	9.7	8.8	14.6	2933.4	307.4	22.0
厦门	156.4	39.9	23.8	17.8	7.1	13.0	21.1	77.8	7.6	9.0	7.3	12.8	2357.1	390.4	16.0
山东	382.5	97.4	18.9	18.1	21.6	43.5	13.6	54.3	19.0	22.5	22.4	32.3	9560.2	1378.0	19.0
河南	74.2	18.9	11.4	22.2	13.8	33.5	6.3	48.3	5.4	9.4	13.6	25.7	1841.8	233.5	23.5
广东	810.7	206.5	15.3	34.8	10.1	24.9	11.1	70.0	9.8	16.9	10.5	21.3	11913.8	1631.5	41.6

续表

地区	拉动出口金额（亿美元）	拉动就业人数（万人）	出口渗透率（%）	客户覆盖率（%）	新兴市场渗透率（%）	新兴市场业务占比（%）	重点行业渗透率（%）	重点行业业务占比（%）	重点国别渗透率（%）	重点国别业务占比（%）	“一带一路”渗透率（%）	“一带一路”业务占比（%）	损失补偿（万美元）	追偿效果（万美元）	小微企业覆盖率（%）
深圳	445.7	113.5	13.4	20.9	21.9	43.0	11.7	84.6	22.4	24.7	17.0	26.1	10598.1	1172.5	19.3
四川	65.1	16.6	12.4	20.3	12.8	44.4	10.8	64.2	6.5	17.2	8.5	29.2	2443.7	327.0	21.4
云南	43.7	11.1	27.5	31.7	11.4	45.5	19.8	66.7	4.5	10.1	11.4	44.3	52.0	23.4	36.2
陕西	40.2	10.2	9.6	26.4	11.1	32.2	10.6	75.4	12.2	18.2	5.1	15.4	375.9	23.8	25.7
黑龙江	12.9	3.3	18.3	51.0	13.7	48.4	15.1	62.5	12.0	27.5	18.1	60.8	100.4	18.1	51.9
江西	60.1	15.3	13.4	45.0	6.1	21.9	8.3	55.6	8.9	19.8	3.9	11.4	428.5	307.6	63.8
湖北	61.4	15.6	14.6	29.9	7.3	21.9	7.4	42.3	5.6	12.8	7.4	19.0	577.8	39.5	36.8
湖南	66.2	16.9	16.6	20.7	23.1	50.0	9.4	46.7	12.6	19.7	20.2	37.4	2092.7	207.6	22.5
广西	37.9	9.7	10.0	61.5	4.3	57.2	3.8	29.6	2.8	49.0	2.1	48.4	525.3	139.7	77.5
重庆	57.7	14.7	9.9	28.1	15.8	47.6	8.6	82.7	15.0	32.3	11.4	29.8	1280.3	925.9	31.7
新疆	13.2	3.4	5.4	7.5	2.7	50.4	3.4	59.9	0.5	6.1	0.7	13.8	32.0	0	7.8
内蒙古	10.8	2.8	16.0	58.0	3.3	14.1	15.8	70.4	4.5	9.9	3.0	11.7	43.4	12.3	63.4

注：1. 地区界定采用中国信保分支机构辖区进行划分，个别分支机构辖区包括两个及以上省份，如辽宁辖区包括辽宁和吉林两省。

4. 北京地区部分数据因辖区划分、中长期业务占比较大等原因，未形成有效数据。

5. 客户覆盖率 = 出口险客户数/当年有出口实绩的出口企业数 ×100%，小微企业覆盖率 = 小微企业服务支持客户数/上一年有出口实绩的小微企业数 ×100%。

二、2017 年度中国信保政策性职能客户满意度分析

本次调查由世界知名的专业市场调查机构——益普索市场咨询有限公司（Ipsos）作为调查执行方。与 2016 年调查相比，首次将调查范围扩展至项目险领域，能够从客户视角更加全面地反映中国信保政策性职能的发挥情况。本次调查共收回有效问卷 5359 份，较 2016 年增加 63.2%，整体反馈率（集团口径）为 35.1%，增长 18.3 个百分点，客户参与度显著提升。

（一）出口贸易险调查结果分析

1. 整体评估：客户满意度、推荐值和信赖度较高

整体满意度和推荐值提升。2017 年中国信保客户整体满意度为 96.5%，代表在参与调查的客户中，满意度评分在 8 分及以上（满分 10 分）的客户占 96.5%，比 2016 年满意度（94%）提高 2.5 个百分点，客户综合体验反映较好。净推荐值（NPS）[①] 为 83.3%，较 2016 年上升 12 个百分点。推荐客户比例增长显著（8.8 个点），不推荐客户比例一定程度下降（3.2 个点）。

客户信赖度处于较高水平。信赖度为本年新增指标，旨在分析客户面对出口业务困难时对中国信保的信赖程度。调查结果显示，中国信保的促出口作用得到客户广泛认可，拟扩大合作规模的客户接近六成，AAA 级客

① NPS 定义：请客户根据推荐意愿的强烈程度在 0 ~ 10 之间来打分：推荐者（得分在 9 ~ 10 之间），被动者（得分在 7 ~ 8 之间），批评者（得分在 0 ~ 6 之间）。净推荐值是等于推荐者所占的百分比减去批评者所占的百分比。净推荐值（NPS）＝（推荐者数/总样本数）×100% －（批评者数/总样本数）×100%，即净推荐值采用“9 ~ 10”分的客户比例减去“0 ~ 6”分的比例。

户信赖度最高（97.0%）。认为投保信用险促进出口增长的客户占 65.3%，较 2016 年有小幅增长（1 个百分点）。

2. 各关键要素评估：满意度均较 2016 年有所提升

调查将中国信保核心服务环节分为产品保障、承保操作、理赔操作、服务人员及信保通系统等五个方面的九个关键要素。与 2016 年相比，2017 年客户对各流程要素的满意度均有提升，其中提升最多的为理赔效率（85.0%，提升 5.7 个百分点）。除信保通是 2017 年首次纳入调研范围以外，其他各要素均有 0～3 个百分点的提升。具体如图 1 所示。

图 1 2017 年关键流程和要素客户评价（单位：%）

调查采用夏普利值（Shapley Value）[①] 统计方法，计算九大要素于客户整体感知的重要性，并结合调查得出的各要素客户满意度，将要素归类为强化优势、亟须改进、次要改进和保持优势四类，具体如图 2 所示。

产品、信保通、客户经理是满意度和重要性“双高”的要素，应当“强化优势”。限额审批效率、资信报告为“满意度低、重要性高”的

① 夏普利值是一种常用的统计方法，它通过加权计算来确定影响客户满意程度各个因素的重要性。

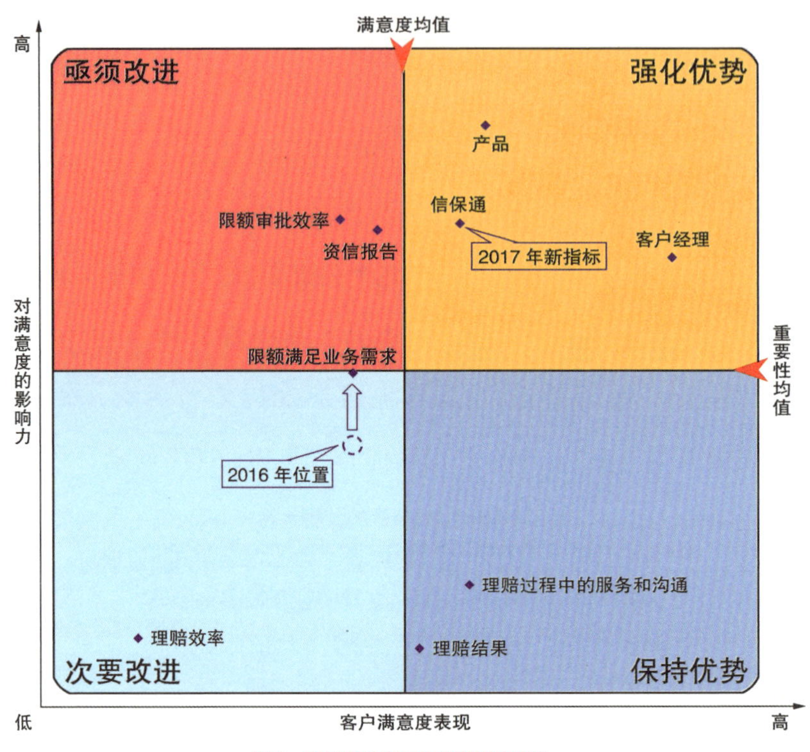

图 2 客户满意度夏普利值统计结果

“亟须改进”环节。对于有理赔经历客户而言，理赔过程中的服务和沟通是针对理赔客户最需要强化的优势，理赔效率为最亟须改进的环节。

3. 大客户重点分析：满意度保持较高水平

为更好地掌握公司重点客户的满意度状况，中国信保对出口贸易险保额排名前 30① 的客户做重点分析。

从结果看，排名前 30 的客户对中国信保的整体评价保持在较高水平，各要素满意度水平较高，比 2016 年略有提升。满意度与投保规模基本呈现同方向变化趋势。

满意度偏低或评价降低明显的客户集团不满意原因主要集中在“限额

① 指 2017 年前三季度出口贸易险保额前 30 名。

审批效率”“资信报告”和“信保通”三个方面。

（二）项目险调查结果分析

1. 调查方法

本次调查全面涵盖项目险参与主体，包括 3 个项目险相关部门、5 家营业机构、8 个典型客户以及 8 家银行。针对不同对象分别设计 4 份问卷，涵盖业务合作概况、承保服务、增值服务、业务管理、系统建设、人员配置、业务发展方向和发展瓶颈等八个方面。

2. 调查结果

调查结果显示，企业与银行对与中国信保项目险整体合作表示满意，企业加快“走出去”意愿日益强烈，对与中国信保开展项目险合作充满浓厚的兴趣，对中国信保的专业能力表示高度的认可与信赖。

（1）受访企业充分表达了对中国信保整体产品及服务较高的满意度，一是认为中国信保能够帮助企业成功获取融资和控制项目整体风险；二是认为中国信保能够积极帮助企业开拓市场；三是企业普遍表示在未来 3 ~ 5 年希望继续扩大和中国信保的合作，拓展自身海外业务。

（2）合作银行总体满意度较高，并将在“一带一路”建设大背景下进一步深化合作。8 家银行满意度均值为 9.1 分，其中，4 家银行（包括部分国有银行和股份制银行）满意度为满分 10 分。

综合来看，2017 年客户对中国信保整体满意度处于较高水平，客户信赖度和继续合作意愿较强，但不同服务要素、不同级别客户、不同营业机构的满意度状况不尽相同，距离理想状态仍有进步空间。未来在加强满意度管理机制建设的同时，要抓好重点客户的服务改进，实现“点面结合”，丰富满意度工作的内涵和外延，建立客户满意度为导向的服务改进机制，更好地发挥政策性信用保险服务出口企业的重要作用。

第四章

中国信保全力服务"一带一路"建设

2017年，中国信保紧紧围绕国家关于推进"一带一路"建设的重大决策部署，立足政策性职能定位，努力提升对"走出去"企业的风险保障和融资服务水平，有力推动重大项目顺利实施，有效推进了我国与"一带一路"沿线国家的设施联通、贸易畅通与资金融通。

一、主要工作举措及成效

（一）深化政府协作，落实高峰论坛成果

2017年，中国信保不断完善政府层面合作框架，积极参与重要规划编制。首届"一带一路"国际合作高峰论坛在北京举行。中国信保全方位、多层次参与高峰论坛筹备工作，协办"推动贸易畅通"平行主题会议，与外国政府部门、国际同业机构及金融机构签署的17份合作协议纳入论坛成果清单。会后，中国信保及时研究制定工作方案，建立统筹协调机制，明确责任部门及下一步工作计划，取得了实质性进展。

2017年，中国信保推动出口信用保险嵌入《中央企业境外投资监督管

理办法》等政策规定，参与《“一带一路”融资指导原则》等9项重要文件和多双边规划编制，与发展改革委签署“一带一路”产能合作框架协议，联合农业部、农业银行召开支持农业对外合作推介会。

（二）建立项目推动机制，创新承保支持政策

中国信保已建立年度目标项目双周会商、重大项目推动小组、行业支持小组等三个方面的推动机制，从制度和流程上着力推动重大项目以及协调解决项目遇到的问题，为落实重大项目提供了坚实的制度保障。

2017年中国信保研究出台了《进一步完善公司服务“一带一路”建设专门政策措施》，主要包括完善重大项目评审机制、优化业务承保政策、强化客户服务措施、提升理赔追偿效率、丰富支持保障措施等五个方面。同时，为加快落实中巴经济走廊能源合作项目清单，中国信保研究出台了承保、评审、理赔等一系列专项配套政策措施，并建立了项目进展报告机制，取得了良好的支持效果。

（三）加强外部合作，共同开拓市场

一直以来，中国信保不断加强与各国政府部门和金融机构的合作。2017年，中国信保与“一带一路”沿线国家金融机构和同业机构签署了12份合作协议，与老挝、埃及等6国政府部门签署了7份框架合作协议；配合我国主办金砖峰会，在杭州举办了金砖国家ECA领导人会议，并联合金砖国家ECA与金砖国家新开发银行共同签署了《总体合作谅解备忘录》，有利于加强国别整体开发，提高企业参与国际市场的竞争力。

在与金融机构“总对总”合作方面，中国信保与中国银行签署了服务“一带一路”倡议专项合作协议，共同为中国企业“走出去”提供全方位、深层次融资和保险服务。为加快推动中埃产能合作，在发展改革委和

商务部的指导下，中国信保牵头政策性银行、开发性金融机构和商业银行创新建立了“多行一保”合作机制。在该框架下，中方金融机构有效提高了中方融资方案的整体落实效率，并最终锁定了5个项目的融资保险条件，总合同金额超过60亿美元。其中，埃及国家电网升级改造项目实现承保，保额9.8亿美元。中埃产能合作项目的承保突破，得到了有关政府部门的高度评价。

（四）拓宽渠道储备覆盖，强化服务功能

一方面，为做好“一带一路”建设相关国家法律、咨询、技术等渠道储备，2017年，中国信保新开拓律所、追偿公司、船舶石油行业专业机构等18家渠道，累计开发相关国家渠道56家，为提升风险异动的勘查处置能力打下了坚实基础。

另一方面，中国信保充分发挥智库作用，为政府部门、企业、金融机构提供决策参考。2017年，中国信保牵头召开多场“一带一路”信用风险管理论坛。完成发展改革委、商务部等委托的《推进“一带一路”建设配套体系研究》等5项重大课题研究工作。发布2017年《国家风险分析报告》《全球投资风险分析报告》《“一带一路”重点国别基础设施行业研究报告》等多项专题研究报告。充分发挥中国信保在国别、行业及风险管控等方面的专业性和权威性，为国家推进“一带一路”建设提供了智力支持。

二、支持“一带一路”相关承保情况

2017年，中国信保承保我国对“一带一路”沿线国别出口和投资

1298.5 亿美元，同比增长 14.6%。其中，支持出口 940.4 亿美元，占同期公司支持出口总额的 21.5%（其中短期险 825.8 亿美元，占同期公司短期险总额的 20.0%；中长期险 114.6 亿美元，占同期公司中长期险总额的 48.0%）；投资险保额 358.1 亿美元，占同期公司投资险保额的 73.2%。

2017 年，为“一带一路”建设各类规划中的 76 个项目出具保单 135 个，保额 357.8 亿美元，同比增长 14%，占全年项目险保额比重的 49.2%，主要涉及电力、矿产、港口等重点行业，分布在约旦、白俄罗斯、老挝等 33 个国家，新增约旦、俄罗斯等 16 个国家。其中，中长期险出具保单 17 个，保额 79.4 亿美元，占当年中长期险总保额的 33%，包括中国企业承建约旦油页岩循环流化床发电厂、白俄罗斯钾肥公司采矿选矿综合体、安哥拉卡约新港口等项目。海外投资险出具保单 118 个，保额 278.4 亿美元，占当年海外投资险总保额的 57%，包括中国企业投资老挝南欧江水电站、印尼年产 100 万吨不锈钢连铸坯及配套电厂、越南沿海燃煤电站等项目。

2013～2017 年，中国信保累计承保对“一带一路”出口和投资 5483.5 亿美元，签署项目类保单超 1700 个。累计为“一带一路”建设各类规划中的 119 个项目签署保单 203 个，涉及 40 个国家，保额 1670.0 亿美元。

三、支持企业“走出去”典型案例

在出口信用保险的助力下，一系列“走出去”合作项目在世界各地落地开花，从横跨南瓯江的水电站，到贯穿肯尼亚的铁路轨道，从遍布泰国的通信网络，到点亮巴基斯坦的电网改造，中国制造正在把中国智慧、中国方案带到全世界，加强中国同世界的交融发展。

案例一：中哈产能合作——承保哈萨克斯坦希姆肯特炼油厂升级改造项目

【项目基本情况】哈萨克斯坦希姆肯特炼油厂始建于 1971 年，自苏联时期起即为哈主要炼厂之一。该项目合同额为 10 亿美元，借款人为中国企业与哈油气合资成立的项目公司，承建方为中国企业 G。其中 2 亿多美元由哈萨克斯坦某大型银行 D 向日、法、德 4 家外资银行组成的国际银团借款，中国信保保险覆盖国际银行借款，担保人为哈萨克斯坦某基金。

【项目亮点】本项目是中国信保与哈萨克斯坦 D 银行合作的首个项目，也是中国信保在中亚地区的首个转贷项目，具有深远影响及标志性意义。该项目标志着中哈产能合作项目的落地，为中国信保发挥政策性职能，更好推进“一带一路”建设，在其他相关国家叙做转贷项目树立了良好标杆，提供了宝贵经验。

案例二：年度最佳交易奖——承保约旦油页岩循环流化床发电厂项目

【项目基本情况】2017 年，中国企业 H 承建约旦油页岩循环流化床发电厂项目实现承保，保额 20 多亿美元。该项目是中国 EPC 商 + 中方参与投资，总投资金额约 20 亿美元，融资总额较大，由中国 4 家大型银行组成银团为项目提供融资。其融资项目结构复杂，中国信保积极协调项目各方达成一致的融资条件，通过协议使水资源和油页岩供应不足等多项风险在各方进行了风险分担。

【项目亮点】该项目实现了数个第一，是约旦国别项下的首个承保项目，是电力项目下的首个油页岩电站项目，是迄今为止中国企业在约旦投资的最大电力项目，也是中国金融机构在约旦第一个采用项目融资方式提供出口信贷的项目。该项目的上马，有助于约旦缓解因部分老旧机组更

约旦油页岩循环流化床发电厂项目

新、邻国政局动荡导致燃料供应不稳定带来的电力供应风险，并帮助约旦实现部分能源独立。这对夯实中约战略伙伴关系、推进中约能源投资合作影响深远。

该项目广受业内关注，并荣获国际信用和投资保险人协会 2017 年中长期出口信用保险唯一的“年度最佳交易奖”。《国际项目融资杂志》（*Project Finance International*）将该项目评为 2017 年度“中东和非洲地区最佳资源项目”。上述奖项充分体现中国信保在项目融资结构设计、金融机构合作、产品组合运用、支持实体经济等方面的国际领先水平。

案例三：伊拉克战后重建——承保伊拉克循环电站项目

【项目基本情况】伊拉克循环电站项目位于伊拉克南部巴士拉省鲁迈拉油田区域内部。项目保额 10 多亿美元。该项目商务合同大部分资金由中国企业 SD 提供出口卖方信贷。中资银行组成的银团与中国企业 SD 签署了应收账款转让协议，为项目提供建设期融资。

【项目亮点】伊拉克反恐战争取得全面胜利后，战后重建成为伊政府的工作重心。该项目是中国信保支持伊拉克战后重建所承保的首个项目。中国信保提供的融资保险方案实现了对卖贷、特险、再融资保险等多种产品的组合运用，有效降低了出口企业的资金压力。同时，中国信保对风险

伊拉克鲁迈拉联合循环电站项目

的托底功能有力回应了出口企业、业主、担保方、银行等各方的风险保障诉求。该项目的成功承保意味着中国在履行大国责任、支持中东地区经济发展方面作出了实质性贡献。

案例四：中埃产能合作——承保埃及国家电网升级改造项目

【项目基本情况】近年来，随着埃及经济发展和人口增长，电力市场需求增加较快。为满足日益增加的电力需求，埃及政府迫切希望建设一批500KV输电线来升级电网。2015年，中国企业D正式与项目业主埃及公司E签署了商务合同。该项目位于埃及尼罗河三角洲东南部，是当地3座燃气电站和1座核电站的配套送出工程。2017年中国信保正式承保该项目，3家中资银行组成银团为该项目提供融资。

【项目亮点】该项目是中埃产能合作机制项下首个承保项目，也是埃及政府首次使用中国出口信贷的项目，对促进埃及经济发展、电力能源合理利用，改善周边环境、提高居民生活质量意义重大。为推动该项目尽快实施，中国信保积极向政府有关部门建言献策，与银团、企业密切沟通，在帮助协调各方立场、提高项目落实效率方面发挥了重要作用。该项目的

埃及国家电网升级改造项目

顺利承保，标志着中埃产能合作取得标志性进展，对埃及深度融入“一带一路”建设具有积极示范意义。

案例五：中印尼产能合作——承保印度尼西亚青山工业园区项目

【项目基本情况】2013 年 10 月，国家主席习近平对印度尼西亚进行国事访问。期间，两国元首在雅加达共同见证了由中国企业 Q 投资建设的印度尼西亚青山工业园区设立以及首个入园项目签约。园区位于印度尼西亚中苏拉威西省，目前已启动的项目总投资金额约 40 亿美元，其中：镍铁冶炼厂及配套电厂项目、不锈钢连铸坯及配套电厂项目和铬铁及不锈钢冷轧项目已投保中国信保海外投资保险，并通过保险产品获得银行融资。

【项目亮点】青山工业园区是我国与印度尼西亚资源合作开发、双边产能合作的示范区，将为印度尼西亚创造 2 万多个直接就业岗位，并极大促进当地的经济发展。

案例六：中老互联互通——承保老挝输变电川圹 - 纳塞通段项目

【项目基本情况】为进一步加快经济发展速度，东盟地区各国政府纷纷加速对基础设施建设的升级改造。老挝500KV输变电川圹-纳塞通段项目北起川圹省川圹市，南至万象省纳塞通区，最大输电容量6400MW。建成后将成为第一条贯穿泰国、老挝、越南的高效输电通道。2014年3月，中国企业S正式与老挝国家电力公司签署了该项目的EPC总承包合同，由中国E银行提供出口买方信贷资金。中国信保于2017年正式承保该项目。

【项目亮点】支持老挝建设500KV超高压线路，有利于促进我国与东盟各国互联互通，帮助老挝成为东南亚乃至亚洲的“蓄电池”。

案例七：中柬产能合作——承保柬埔寨桑河水电站项目

【项目基本情况】近年来，柬埔寨政府将电力发展列为其经济战略的优先发展领域。为了提供充足的电力，柬埔寨政府重点加强了水利和水电建设。2012年起，柬埔寨K公司、中国L公司两家投资者共同开发桑河水电站项目。该项目为柬埔寨桑河和斯雷波克河汇合后的第一个梯级电站，位于柬埔寨王国上丁省西山区境内的桑河干流上。该项目总投资约10亿美元，其中部分资金由项目企业向2家银行组成的中资银团申请贷款。中国信保于2017年承保该项目贷款部分。

柬埔寨桑河水电站项目

【项目亮点】该项目的建成将改善柬埔寨国内电力供应紧张的局面，为柬埔寨国内（甚至邻国）提供成本低、供应稳定、清洁的可再生能源，满足社会经济发展需要。项目运营后将增加柬埔寨中央和地方财政的收入，增强柬埔寨国家电力公司在柬埔寨电力市场中的运营手段和管理能力，加快柬埔寨电力市场的统一和规范化建设。

案例八：中老经济合作——承保老挝磨丁经济专区项目

【项目基本情况】老挝磨丁经济专区开发项目，两期均实现特险项下承保，2017 年为项目的第二期。本项目在市场端获得项目信息后，中国信保承保评审部门配合密切跟进，多次多方会谈，最终帮助承包商成功签订项目，并获得银行融资。承包商得以在每笔应付款确立债权后，使用特险保单在融资银行获得无追索应收账款卖断，实现资金融通与现金流的优化。

老挝磨丁经济专区项目

【项目亮点】老挝磨丁经济专区建设符合中国及老挝国发展政策和要求，对发展中老两国边境贸易、文化旅游及推动中、老、泰，乃至南亚、东南亚的国际物流、商业贸易和文化旅游的发展与交流均具有里程碑式的重要意义。本项目的承保对于工程承包延付类项目的结构搭建和融资配合方面具有较好的示范性借鉴意义。

案例九：中老民生项目——承保老挝万象世贸中心项目

【项目基本情况】老挝万象世贸中心是一个集商业、办公、酒店、居住、文娱和交通等多业态复合的大型城市综合体。中国信保 2017 年为该项目出具特定合同保险，特定合同保险项下的融资有效解决了项目建设期资金问题。

老挝万象世贸中心项目

【项目亮点】项目建成将会改变老挝万象民众赴泰国购物的消费购物习惯，甚至会吸引临近的泰国廊开和乌冬的消费者来万象消费，从而改善老挝万象城市服务、提升城市形象、促进城市化进程。该项目受到老挝政府的高度重视，老挝国家主席本扬在 2016 年东盟峰会期间的记者采访中曾着重提及该项目。

案例十：支持重点行业（能源）——承保尼日利亚石油炼化厂项目

【项目基本情况】尼日利亚石油炼化厂项目是多家中方企业为尼日利亚拟建的全球最大的炼油厂项目提供配套设备的项目，项目总投资金额约 80 亿美元，中方企业配套设备合同金额 2 亿美元，部分合同下中方企业为业主提供 2 年期供应商融资，中国信保为上述设备出口出具特定合同保险。

【项目亮点】在油价低迷对尼经济构成挑战、尼外汇紧缺的情况下，投保了中国信保特定合同保险的该项目有力保障了中方企业应收账款及成本投入损失风险，推动了中方企业在有效防范海外市场风险前提下，积极参与国际重大项目和国际同业竞争。

尼日利亚石油炼化厂项目

案例十一：支持重点行业（海工）——承保出口尼日利亚平台供应船项目

【项目基本情况】该项目为原船东弃船后，船企通过多方联络处置，与尼日利亚船东达成的船舶转卖项目，合同金额约 2000 万美元。中国信保为该项目出具特定合同保险，保障船舶交付节点以及交付后 1 年内的延付款收汇。

出口尼日利亚平台供应船项目

【项目亮点】该项目的承保有力支持海工船企积极实行的去库存战略，有利于船企卸掉包袱，改善流动性，减轻企业负担，同时也体现了信用保险对我国高技术船舶与海工装备制造业提供政策支持的重要作用，得到了企业的高度认可。

案例十二：支持非洲基础设施建设——承保赞比亚水电站项目

【项目基本情况】2015 年中国 XX 公司与赞比亚签订了由其承建赞比亚下凯富峡水电站项目的商务合同，合同总金额 10 多亿美元。该项目总装机 750MW（5×150MW），位于赞比西河左岸一级支流凯富河上，坝址距离凯富河与赞比西河交汇处河道约 55 公里，距上游已经建成的上凯富峡水电站大坝河道约 17.3 公里，距赞比亚首都卢萨卡约 120 公里。主要工程内容包括一座 130 米高的大坝、引水隧洞和压力钢管、电站厂房、尾水洞、溢洪道及进场道路。电站多年平均设计发电量为 2740GWh。

【项目亮点】2017 年，中国信保正式承保该项目，由中国两家银行组成银团提供出口买方信贷资金。该项目的正式承保，能大大改善当地民生条件，得到了赞比亚政府的大力支持，为我国支持非洲基础设施建设，践行构建人类命运共同体起到了示范作用。

第五章

中国信保积极支持外贸回稳向好和转型升级

2017 年，中国信保统筹资源配置，实施更加积极的承保措施，在做好风险防范基础上，按照“优进优出”的外贸政策导向，积极探索承保模式创新，加大对战略性新兴产业、自主品牌、服务贸易等相关业务的支持力度，积极探索与跨境电商、外贸综合服务平台、国际营销服务体系、海外仓等新型贸易方式的结合路径，支持外贸回稳向好和转型升级。

一、主要工作举措及成效

（一）全面完成出口信用保险任务，持续扩大政策覆盖面

2017 年，中国信保牢记政策性使命，制订实施针对性措施，提前完成短期险保额任务，为外贸回稳向好作出积极贡献。

全年短期险实现承保 4128.0 亿美元，增长 10.0%，高于我国外贸出口增速（7.9%）2.1 个百分点；承保金额占我国出口总额的比重达到 18.2%，大幅高于 10% 的国际平均水平。短期险项下服务支持出口企业 8.4 万家，增长 21.0%，出口企业覆盖面提升至 24.4%；累计向企业支付

赔款 10.4 亿美元，增长 13.2%；实现赔后追偿 1.7 亿美元，增长 19.5%，出口信用保险对促进外贸回稳向好的作用和价值进一步凸显。

（二）积极支持转型升级，加快培育外贸竞争新优势

2017 年，中国信保着眼外贸转型升级要求，采取针对性、差异化积极承保政策，加大对“一带一路”沿线国别、重点行业、战略性新兴产业和外贸新业态的支持，服务实体经济发展。

在国别承保方面，中国信保在支持企业巩固传统出口市场的基础上，持续加大对“一带一路”、新兴市场的支持力度，针对重点客户等适度放宽承保条件，进一步提高信用限额资源利用率。2017 年，短期险项下支持“一带一路”沿线国家和地区出口 825.8 亿美元，增长 7.3%；承保企业向新兴市场出口 1597.3 亿美元，增长 12.0%。

在支持服务贸易方面，全年共支持 175 家服务贸易企业 272.6 亿美元，增长 18.3%；支付赔款 5030.2 万美元，增长 685.8%；涉及建筑、技术、文化、软件、维修和维护等十大服务贸易领域。

在支持新业态方面，全年支持 2017 家中资企业对 137 个国家和地区的 4125 个境外营销网络的信用销售；支持跨境电商和外贸综合服务平台 101 个，保额 63.2 亿美元，支付赔款 2000 多万美元。

（三）积极落实普惠金融要求，加大小微企业支持力度

中国信保落实普惠金融要求，把服务小微企业发展作为支持实体经济的重要举措，开发专属产品，创新承保模式，搭建网上投保平台，实现小微企业“零门槛”在线投保，优化业务流程提升理赔效率，拨付专项费用加强保后服务。2017 年，中国信保服务小微企业超过 6 万家，对全国小微出口企业的保险覆盖面达到 25.4%，较 2016 年提高 4.1 个百分点，支持

小微企业出口575亿美元，同比增长25.8%，支付赔款超过1亿美元，支持小微企业获得银行融资65.3亿元。

中国信保重点做了以下几方面工作：一是政策层面进一步出台针对性措施，围绕小微企业风险保障需求，坚持“一对一”签单服务企业，加快建立小微企业专属理赔机制和融资合作银行清单机制，设立支持小微企业专项费用，加大对小微业务的资源投入；二是充分利用信息技术手段，建设面向小微企业的微信服务号和信保通移动APP，丰富服务内容，提高服务效率，方便小微企业随时随地获得信用保险服务；三是加大产品、流程、管理等方面的创新力度，优化小微企业信保易条款，着力提升小微企业理赔效率，研发推出“银保易”产品，为小微企业融资提供更加优良的信用增进服务；四是为跨境电商和外贸综合服务平台等新业态提供“一揽子”信用保险服务，支持小微企业利用新型外贸交易平台开拓国际市场。

二、典型案例

（一）助力服务贸易与货物贸易联动发展

在支持货物贸易的同时，中国信保发挥政策性导向作用，加大力度支持我国技术贸易，引导企业以质取胜，推动服务贸易与货物贸易协调发展。

浙江省H公司是拥有自主核心技术和研发能力的安防技术公司，中国信保将其作为重点支持企业。近年来，不仅监控设备销量快速扩张，具有自主知识产权的软件产品需求也迅速增长。2017年，该企业在中国信保的支持下出口自主研发软件25万美元，货物贸易出口达到18亿美元，实现了服务贸易与货物贸易的相互促进、联动发展。

（二）助力海外工程承包项目

海外工程承包是货物贸易和服务贸易的综合载体，也是我国服务贸易中具有较强国际竞争力的行业。为此，中国信保进一步简化审批流程、适当放宽承保条件、更好满足企业的风险控制及融资需求。数据显示，2017年，中国信保支持中国企业承建海外工程达265.3亿美元，增长18.1%。

2014年7月，P公司与厄瓜多尔国家石油公司（简称“业主”）签署商务合同，约定由P公司为业主提供指定调查区域范围内的勘探及采集服务，其采集服务成果将用于业主评估石油储量及进行进一步的石油资源的勘探和开发，商务合同总金额近1亿美元。中国信保于2015年9月承保相关项目。该项目共划分为A和B两个区块分阶段运作，其中A区块2015年10月完工，随后公司进行B区块的施工处理。但2015年末，石油价格大幅下跌导致厄瓜多尔经济形势严峻，厄瓜多尔财政部向业主提供的拨款非常有限。A区块应付款在2016年2月到期后，业主未支付款项。

P公司于2016年5月就A区项下债权损失和B区项下成本投入损失向中国信保通报可损，报损金额超过6000万美元。中国信保第一时间受理了P公司通报的案件可损，成立了专门的案件处理小组，同P公司保持了密切联系，帮助梳理案件、委托海外追偿渠道，积极开展各种止损、减损工作。中国信保多次赴P公司进行会谈，详细了解梳理案件项下背景信息，并制定了详细的追讨方案，同时严密跟踪项目下买方的付款进展。中国信保还专程赴厄瓜多尔会同P公司和业主进行面对面会谈，与业主共同协商制定还款计划。

在中国信保与P公司的密切配合和共同努力下，项目业主累计偿还A区工程项下款项超过500多万美元，减损效果比较明显。同时，中国信保合规、高效地开展案件核定损失工作。2017 年 12 月，中国信保就保险责任范围内的损失向 P 公司进行了赔付，赔付金额高达 4000 多万美元，极大地帮助 P 公司补偿了海外应收账款损失。

（三）助力我国优秀文化产品“走出去”

在政策性保险的支持和带动下，国产电影海外发行项目、动漫游戏出口项目、图书版权输出项目等一大批独具中国特色的文化产品在国际竞争中崭露头角，逐渐成为我国服务贸易的新名片。2015～2017 年，中国信保承保 JY 公司图书期刊、电子文献等各类出版物和文化产品出口累计超过 200 万美元，该企业利用中国信保提供的短期险，成功将《三体》《废都》《狼图腾》等图书的英文版权向海外输出。小说《三体》不仅实现了首次海外发行，其英文版还荣获国际知名科幻大奖“雨果奖”。据悉，《三体》三部曲目前已输出 11 个语种，仅英文版的全球销量就已超过 76 万册，成为我国文学“走出去”的优秀代表。我国文化出版机构运用国际惯例，通过出口信用保险成功打开海外市场，使我国优秀文化产品走向国际成为现实。

（四）大力扶持小微企业发展

1. 帮助小微企业规避风险、成长壮大

Z 公司是广东惠州一家生产 LED 照明设备的小微企业，自 2015 年开始一直在中国信保投保。2017 年 5 月上旬，Z 公司一美国买家拖欠货款，公司派员赴美国沟通未果后向中国信保报案。中国信保受理案件后，第一时间向美国买方发送催收函，买方 3 天内就邮件回复告知案件全过程及后续措施。6 月初，Z 公司提交了完整索赔资料，中国信保通过海外渠道开展勘查，于当年 9 月向企业支付赔款 10 万多美元。

结案后，中国信保还专门为Z公司提供了专场培训，帮助其梳理业务风控盲区，制定配套解决方案。在出口信用保险支持下，Z公司2017年出口额达620万美元，同比增长326.8%，2017年保单续转时投保规模为820万美元，同比增长25%。

2. 帮助企业化解出口风险

徐州B公司是一家从事大蒜等农产品出口的小微企业，年出口额约100万美元，主要客户集中于东南亚和南亚。该公司2017年投保中国信保小微企业信保易产品。由于国外买家均属于长期合作伙伴，该企业在贸易合作中降低了风险防范意识。2017年8月，企业向斯里兰卡买方出口一批大蒜，价值近3万美金。货物抵港后因斯里兰卡大蒜价格严重下滑，买方拒绝提货。企业向中国信保报案后，中国信保迅速开展案件勘察，最终向企业支付了2.4万美元赔款。

3. 企业主动转投综合险保单

常州某地板贸易出口企业，2016年投保中国信保小微企业信保易产品。通过一年持续的跟踪服务，该企业对信用保险这一政策性工具的理解不断加深，主动要求从小微企业信保易保单升级至保障范围更广、保障额度更高的综合险保单。在信用保险支持下，该企业出口额从2015年的123万美元跃升至2017年的2700万美元，该企业也迅速成长为国内PVC地板出口前四强，发展活力和海外发展能力显著提升。

4. 助力小微企业融资

台州温岭某小微外贸企业，其上游供应商一般要求全额付款提货，而下游买方又都要求放账交易，资金周转压力一直较大，企业投保信用保险以后通过保单融资获得银行信用贷款，大大缓解了资金压力。在中国信保的支持下，该企业外贸业务发展迅速，出口额同比提高了一倍多。

重庆一家成立不久的动力机械有限公司，在对外贸易过程中，上游供货商要求全额付款提货，但该公司规模较小，资金周转压力比较大。通过中国信保提供的“银行 + 保险”融资方式，该公司获得融资 2000 多万元，大大缓解了资金压力，2017 年实现出口 790 万美元，同比增长 15%。

第六章

社会责任与评价

一、公益扶贫

2017 年，中国信保认真贯彻落实习近平总书记扶贫开发战略思想，全年对安徽、江西、江苏、四川、云南、广东等 6 省的贫困地区开展定点扶贫工作，取得扎实成效。总计投入扶贫资金近 1900 万元，增长 72. 5%。其中教育扶贫资金 1047. 9 万元，产业扶贫资金 695. 8 万元，支持驻村第一书记扶贫 153. 6 万元。

根据中央要求，中国信保严格标准、精心挑选，全年共选派 2 名副处长分别任安徽省霍邱县副县长和江西余干县副县长，选派 1 名骨干员工到安徽省霍邱县宋店乡南北四村任第一书记。安徽省霍邱县和江西省余干县 2 个定点县脱贫人口共计 48112 人，均实现当年脱贫计划目标，均在省内脱贫发展考核中获得“好”的评价。

（一）教育扶贫

2017 年，中国信保积极争取上级主管部门支持，在定点扶贫工作中大幅增加教育扶贫资金投入，资金规模总计 1047. 9 万元，同比增加 156%。

其中，用于安徽省霍邱县443.4万元，增长122%；用于江西省余干县552.8万元，增长176%。全年共帮扶1.7万多名学生，增长117%，解决贫困学生学费或生活费来源。除了2个定点县以外，中国信保还对江苏、安徽、四川、云南、广东和深圳等6省市定点扶贫地区和挂职干部贫困村，近400名贫困学生进行教育扶贫，共投入资金51.7万元。

（二）产业扶贫

中国信保结合自身和2个定点县实际情况，充分利用自身在信用风险保障方面的优势，兼顾定点县在特色产业方面的实际，因地制宜，开展灵活多样的扶贫工作，帮助贫困户由“输血型”向“造血型”转变，为下一步实现脱贫致富打下坚实基础。

2017年，中国信保推动霍邱县和安徽安粮成立扶贫企业，有序开展选择红薯种植基地、育苗生产及出口贸易等经营工作，扶贫效果逐步显现；运营近一年来，累计带动贫困人口劳动用工3260人次，人均增收近2000元。其中，帮扶余干县开展菌菇产业扶贫，安排资金521.5万元，对1043户贫困户建设合作社菌菇种植大棚费用全部覆盖。

（三）创新扶贫

在教育扶贫和产业扶贫的基础上，中国信保还根据定点县贫困村以及其他帮扶贫困地区的具体情况，创新扶贫方式，支持贫困户脱贫攻坚。如投入莫店村光伏电站项目，增加贫困村集体收入，支持贫困村集体经济发展，给贫困户带来长期稳定的收益；建设五保户老年公寓项目，支持安居工程，保障五保户老人安度晚年。

除了2个定点县扶贫外，中国信保还在全国开展了多个扶贫项目。如广东分公司的揭西县东园镇联丰村村内桥路和水利设施等基础设施项目，四川分公司的盐边县格萨拉乡中心小学学生浴室热水系统项目，云南分公司的景东彝族自治县景福镇虎山村村内公路连接桥梁项目、鸡舍猪棚基础设施建设项目，等等。

此外，中国信保发挥自身专业优势，出台了一系列专门支持扶贫企业出口的承保理赔措施、专业咨询服务和费率优惠政策，支持扶贫企业出口。

（四）动员社会力量

1. 利用各种方式慰问帮扶贫困村

在中国信保公司党委大力推动下，中国信保系统上下高度重视定点扶贫工作，广泛发动本单位干部职工参与到定点扶贫中来。2017 年，中国信保机关工会组织员工向贫困群众捐赠 600 余件衣物，并向贫困县捐赠了大量图书；部分总部部门和营业机构多次利用党建活动等方式，前往中国信保派驻第一书记的霍邱县临淮岗乡莫店村和余干县瑞洪镇南墩村，为贫困村捐助电脑、打印机等设备，向贫困村小学学生捐赠校服和书包、笔袋等学习用具，向贫困村特困户捐赠现金、慰问品等。

2. 协调组织社会力量加入帮扶

中国信保在微信公众号上多次发布关于定点扶贫的信息，介绍推广中国信保扶贫工作和经验，提高外界对中国信保定点扶贫工作的关注度，汇聚更多社会力量支持定点扶贫。中国信保发挥和保户关系紧密的优势，向保户宣传定点扶贫工作，协调组织多家安徽当地出口企业向临淮乡莫店小学捐助现金和图书等。

（五）政府肯定

2017 年 9 月 11 日，国务院扶贫办《扶贫信息》第 73 期以“中国出口信用保险公司以教育扶贫为抓手，扎实推进定点扶贫工作”为题，对中国信保定点扶贫经验予以介绍推广。

二、社会评价

（一）政府批示

一直以来，中国信保积极服务国家战略，工作得到各地方政府肯定。2017 年，中国信保各分支机构收到地方政府副省级以上领导批示共计 16 条。

部分政府批示节选：

1 月 13 日，黑龙江省委常委、副省长李海涛在哈尔滨营管部的书面工作汇报上批示：“2016 年，中国信保哈尔滨营管部充分发挥政策性职能，服务中央和省委省政府‘一带一路’‘龙江丝路带’战略，克服困难，主动作为，全面为产能走出去、外贸稳增长和国际项目合作提供承保政策支持和服务保障，为‘龙江丝路带’建设和外贸企稳回暖作出了贡献。我代表省委省政府表示祝贺和感谢。同时，希望在新的一年里，再接再厉，再创新业绩，为‘龙江丝路带’建设的深入实施和努力实现外贸正增长作出更大的贡献。”

2 月 13 日，天津市赵海山副市长在天津分公司上报的《关于 2016 年出口信用保险服务天津市外经贸发展情况的报告》上批示：“中信保天津分公司主动服务天津外贸转型升级，培育外贸新的增长，积极融入‘一带一路’建设，为天津经济发展作出了重要贡献。其大局意识、创新意识、服务意识都值得全市开放战线部门学习。希望在 2017 年继续发扬光大，为天津经济发展作出新的更大贡献。”

（二）企业感谢信

2017 年，中国信保主动作为，积极服务各类企业，为中国企业走出国门、进军国际市场保驾护航，中国信保的专业能力和服务精神得到了多家企业的肯定，2017 年全年收到企业感谢信共计 35 封。

企业感谢信节选：

1. H 公司

致中国出口信用保险公司：

我司在贵司一如既往的大力支持下，持续高速发展，我司与贵司近十年的紧密合作也达到新的战略高度，累计投保量超百亿美元。在我司的成长道路上，贵司与我司风雨同舟，成为我司坚实的后盾，为我司发展保驾护航。

2017 年是我司艰难的一年，市场环境恶化，竞争越发激烈，客户出险频发。在此情况下，贵司不离不弃，提供了无微不至的专业服务。

不忘初心，砥砺前行。在此衷心感谢贵司的大力支持，愿双方今后的合作更加紧密，祝愿贵司与我司的战略合作更上一层楼！

2. L 公司

致中国出口信用保险公司：

与贵司合作七年来，贵司优质高效的服务难以一一列举，在与贵司合作的方方面面，我司感受到了专业化、人性化和价值化的优质服务。

总结和回顾以往合作情况，我们对贵我双方的未来合作充满信心，我司将继续扩展并深化与贵司的战略合作，进一步依托贵司综合政策支持，做活国际商务模式，扩大国际市场份额。也希望贵司继续发挥政策性出口信用保险机构的政策性和专业性优势，继续支持我司的国际化战略实施。

3. X 公司

中国出口信用保险公司：

自2009年以来，我司一直与中国信保保持着良好合作关系，尤其是2013年全面战略合作框架协议签署以来，双方合作领域得到进一步拓展。在日益紧密的合作过程中，贵司已将X集团全球出口业务纳入支持范畴，信用保险成为我司开拓国际市场的坚实后盾，中国信保成为我司不可或缺的合作伙伴。

4. J 公司

尊敬的中国出口信用保险公司：

你们好！给你们写这封信，是为了表达我们公司由衷的感谢，谢谢你们一直以来对我们的支持和帮助！在过去的日子里，保险业务让我们开始有了接触和交流，我们为得到你们对我们的服务表示感谢。

我们的感激都有赖于你们的每一份支持和厚爱。以后我们还要保持长久的出口保险业务，以防范收汇风险，更好地保障自身利益。如有任何问题，需及时与你们取得联系，争取少损失或不损失。

最后，在未来的日子里，希望你们能继续支持我们公司，也愿我们携手共进，共同进步！

诚祝：幸福安康，事业兴旺！

5. S 公司

致中国出口信用保险公司：

我们由衷地想对中国信保的相关人员表达深深的谢意。你们急企业之所急，想企业之所想，在我们最艰难的关头，伸出援手，帮助我们出谋划策，带领我们走出困境。你们高效、耐心、细致的服务深深地折服了我们，有你们保驾护航，我们扩大出口业务的信心备受鼓舞。

作为小企业，我们深深地感受到政府及中国信保的关爱和扶持，真切地体会到了信用保险的价值所在。通过这次案件与贵公司的合作，进一步坚定了我们与贵公司保持长期密切合作的愿望，希望在以后的出口业务中能得到贵公司更多的帮助与支持，实现我公司业务的扩展和整体的进步。最后，再次真诚地表达对中国信保各位领导及相关工作人员的感激之情！

6. Z 公司

中国出口信用保险公司：

自 2005 年开始我司与贵司开展业务合作，合作 12 年来，贵司一直为我司提供专业的风险防范服务，协助我司建立全流程的风控体系。随着与贵司合作的不断深入，双方的合作领域已经扩展至国内贸易信用保险，并就海外投资保险、中长期出口信用保险及担保业务保持长期沟通交流。

再次对贵司多年来的支持和帮助表示感谢！

（三）新闻报道

2017 年，重点中央媒体积极运用大平台、大视角宣传中国信保的政策性作用，《人民日报》、新华社、中央电视台对中国信保的报道均创历史新高；其中《人民日报》报道 9 次，新华社报道 47 次，中央电视台报道 13 次，其中《新闻联播》2 次。全年各类新闻媒体对中国信保原发报道达 8418 篇，转载报道超过 12 万条。中国信保赢得中国保险行业协会颁发的“保险好新闻奖”和“最佳传播奖”；同时，重要中央媒体还注重政策的敏感性和新闻的时效性，对中国信保服务“一带一路”建设的举措和成果进行了高频度的宣传。

部分媒体报道原文节选：

2017 年 4 月 1 日，中央电视台新闻频道 CCTV－13 和综合频道 CCTV－1 并机播出的《新闻联播》栏目，以《中国信保为“一带一路”承保 4400 亿美元》为题报道了公司的重要新闻，用最新数据将中国信保支持“一带一路”建设的优异成果呈现给社会，充分体现出中国信保和“中国信用”在“一带一路”建设中所发挥的积极作用，也从另一个侧面反映出中国作为负责任大国的国际形象。报道指出：截至今年 3 月底，中国信保共为中企“一带一路”出口和投资项目承保超过 4400 亿美元，支付赔款 16.7 亿美元，承保了巴基斯坦大沃风电、中亚天然气管线等重要项目 1062 个，覆盖交通运输、石油装备、电力工程等多个领域。

2017 年 8 月 17 日，中央电视台综合频道 CCTV－1 和新闻频道 CCTV－13 并机播出的《新闻联播》栏目，以《上半年出口信保承保金额超 2500 亿美元》为题，以新闻简讯的形式图文并茂地报道了中国信保在保监会举行新闻发布会，发布中国信保服务实体经济、支持“一带一路”建设的主要情况。报道指出：保监会消息，今年上半年中国出口信用保险公司承保金额达 2573.9 亿美元，同比增长 14.6%，作为我国唯一的政策性保险机构，中国信保已为 7 万余家“走出去”企业提供保险保障等服务，政策性信用保险覆盖面进一步扩大。

2017 年 1 月 25 日，《人民日报》发表《去年中国信保承保 4700 亿美元》。人民网北京 1 月 25 日电：去年，中国出口信用保险公司围绕服务国家开放型经济，继续扩大信用保险承保规模，全年实现总承保金额 4731.2 亿美元。其中，中长期出口信用保险新增承保金额 226.1 亿美元；海外投资保险承保金额 426.5 亿美元；短期出口信用保险承保金额 3752.4 亿美元；各险种承保“一带一路”沿线国家出口和投资 1133.1 亿美元；支持小微企业突破 5 万家，对小微出口企业的覆盖率达到 21.3%。

第二部分

中国出口信用保险公司政策性职能履行评估报告（2016 年度）

第一章

2016 年度我国宏观经济及外贸形势回顾

2016 年，我国经济运行呈现增速缓中趋稳，工业生产价格由负转正、企业效益由降转升、城镇新增就业有所增加的良好态势。本轮经济下行调整已持续 6 年多时间，经济运行的积极变化表明，我国经济“L”型增长正进入下半程，在增速下台阶的同时，增长质量和效益上台阶的条件逐步形成，经济增长正在从“降速”阶段转向“提质”阶段。

一、2016 年度宏观经济运行发生多方面积极变化

2016 年，在增速持续下行调整 6 年后，我国经济运行供求失衡态势缓解、增长质量和效益明显改善。一是经济增速缓中趋稳。2010 年以来，我国经济开始从高速增长向中高速增长阶段转换，GDP 增速持续下行，但增速降幅呈逐年收窄的态势。2016 年 GDP 增速为 6.7%，较上一年下降 0.2 个百分点，经济运行保持在合理区间。同时，发电量、粗钢产量、汽车和房地产销售等重要的实物量增速较 2015 年均有不同程度改善。二是工业生产者出厂价格（PPI）和企业效益由负转正。2016 年 PPI 比 2015 年下降

1.4%，但自 9 月份起 PPI 同比由负转正，结束了连续 54 个月同比下降的局面。受工业品价格回升的影响，2016 年规模以上工业企业收入和利润同比分别增长 4.9% 和 8.5%，增幅较去年同期增加 4.1 个和 10.8 个百分点。三是新技术、新产业、新模式加快发展。人工智能、量子通讯、虚拟现实等一批具有广阔应用前景的新技术不断涌现，电子商务、共享经济、社交媒体等新模式蓬勃发展。我国正凭借多年积累的技术、资本条件和大规模经济体的市场优势，在一些新兴领域缩小与发达国家的差距。四是失业率有所下降。调查失业率显示，9 月份以来失业率水平持续低于 5%，2016 年城镇新增就业岗位达到 1314 万个，超额完成全年任务。根据国务院发展研究中心企业调查结果，企业家对未来的预期温和改善，用工计划总体平稳。

2016 年我国经济运行出现的积极变化，主要得益于供给侧结构性改革的有效推进，总需求适度扩张以及全球经济转暖也发挥了重要作用。

（一）供给侧结构性改革有效推进

去产能方面，钢铁、煤炭行业超额完成去除 4500 万吨和 2.5 亿吨的过剩产能任务；去库存方面，商品房待售面积减少 2314 万平方米，存销比明显下降；去杠杆方面，2016 年 12 月规模以上工业企业资产负债率为 55.8%，较上年同期下降 0.4 个百分点；降成本方面，电费、税费、五险一金和物流费均有所下调，企业经营综合成本有所下降，规模以上工业企业每百元主营业务收入中的成本为 85.52 元，较 2015 年下降 0.16 元；补短板方面，农业、水利和生态环保等领域投资增速显著高于其他投资增速，全年 600 万套棚户区改造和 1000 万以上贫困人口脱贫任务均如期完成。

（二）总需求适度扩张发挥了重要支撑作用

2016 年，我国实施了适度扩大总需求的政策，全年财政赤字率提高至 3%，“营改增”等减税降费措施减轻企业税负 5700 多亿元，信贷增长 13.5%，对总需求产生较大拉动作用。其中，基础设施投资同比增长 17.4%，较 2015 年提高 0.2 个百分点，除预算投入保持较高增速外，财政贴息的专项建设债券和央行补充抵押贷款（PSL），对基础设施投资也发挥了重要支撑作用；商品房销售额同比增长 34.8%，房地产开发投资同比增长 6.9%，较 2015 年分别提高 20.4 个和 5.9 个百分点，而且房地产业带动家具、家电和建筑装潢材料等相关产业较快增长；汽车销量同比增长 13.7%，较 2015 年高近 9 个百分点，对居民消费稳定增长发挥重要作用。

（三）国际经济环境出现一些积极变化

国际大宗商品价格企稳回升，新兴市场的贸易条件有所改善，我国出口环境逐步有所好转。尽管全球经济和贸易增速继续放缓，但剔除价格因素，2016 年我国出口实物量增长接近 5%，较上年同期增加 3 个百分点。与此同时，美联储加息进程很大程度上已被市场提前消化，美元升值势头有所减弱，我国短期外债水平在前期大幅下降的基础上逐步回升，美元流动性收紧的冲击有所缓解。

综上所述，2016 年我国经济运行由降转稳的态势更加明显，增长质量和效益有所改善，为“L”型增长开启下半程积累了有利条件。但也要清醒地看到，经济增长对房地产、基础设施投资和金融行业的依赖度较高，债务水平继续上升，资产泡沫风险还在积累，局部地区困难有所加重，实现可持续的中高速增长仍面临诸多挑战。

二、2016 年度我国外贸形势逐季回稳向好

2016 年，我国外贸发展面临的形势严峻复杂。从国际环境来看，2016 年全球贸易总体处于低增长水平，连续 5 年低于全球经济增速。虽然下半年全球经济出现一些转暖迹象，但对全球贸易增长推动有限。英国退欧对欧盟稳定性造成较大冲击，加大了欧盟和全球经济的不确定性，让原本低迷的全球经济雪上加霜。美国经济复苏势头较弱，且已大体接近潜在增长率，基本实现充分就业水平，经济增速难以大幅提升。欧洲和日本对量化宽松和负利率政策严重依赖，在缺乏结构性改革和重大技术突破的情况下，难以推动经济持续复苏。在美元升值放缓和大宗商品价格回升的情况下，新兴经济体得到喘息机会，但仍然面临较大增长压力。加之，贸易保护主义、民粹主义、恐怖主义和地缘政治动荡带来的不确定性，导致全球贸易环境不佳。与此同时，国内各项综合成本也在不断上升。这些不确定、不稳定因素都给外贸增长带来诸多困难。为改善外贸行业发展环境，党中央、国务院及时出台一系列促进外贸回稳向好、促进加工贸易创新发展等一系列支持政策，各有关部门和各地区积极细化落实政策，为企业减负助力。一大批进出口企业从供给侧发力，加快转型升级，开展技术创新、产品创新、商业模式创新，努力提升国际竞争力。总体而言，2016 年，进出口降幅收窄，结构优化、效益提升、新的发展动能不断积聚，外贸实现回稳向好目标。

（一）进出口增速前低后高，逐季回稳向好

2016 年，我国货物贸易进出口总值 24.3 万亿元，较 2015 年下降

0.9%，降幅较2015年收窄6.1个百分点。其中，出口13.8万亿元，下降1.9%；进口10.5万亿元，增长0.6%，扭转了2015年大幅下降的态势；贸易顺差3.4万亿元，下降8.8%。以美元计，进出口总值3.7万亿美元，下降6.8%。其中，出口2.1万亿美元，下降7.7%；进口1.6万亿美元，下降5.5%；贸易顺差5107.3亿美元，下降13.9%。

分季度来看，按人民币计算，我国进出口增速呈现前低后高、逐季回稳向好态势。其中，一季度我国进出口、出口和进口值分别下降8.2%、7.9%和8.6%；二季度进出口、出口、进口值分别下降1.1%、0.8%和1.5%；三季度进出口和进口值分别增长0.8%和2.3%，出口值下降0.3%；四季度进出口、出口、进口值分别增长3.8%、0.3%和8.7%。

根据2017年4月世界贸易组织发布的《2016年全球贸易统计报告》，2016年全球货物贸易出口额为15.5万亿美元，下降3.3%，进口额为15.8万亿美元，下降3.2%。我国出口额为2.1万亿美元，占全球份额13.2%，进口额为1.6万亿美元，连续8年保持全球第一大货物贸易出口国和第二大进口国地位。

（二）出口贸易结构不断优化，出口市场日益多元化

在供给侧结构性改革提速、“一带一路”建设等重大政策推进下，我国对外贸易发展在进出口贸易方式结构、主要产品结构等方面继续优化和改善，出口市场覆盖面进一步拓展。

从贸易方式结构来看，2016年我国一般贸易进出口13.4万亿元，增长0.9%，占进出口总值的55%，较2015年提高0.9个百分点，贸易方式结构继续优化。加工贸易进出口7.3万亿元，下降5%。加工贸易国内增值率达80.1%，同比提高1.6个百分点。

从主要产品结构来看，部分高附加值机电产品和劳动密集型产品出口正增长。2016 年，机电产品出口 8.0 万亿元，下降 1.9%，占出口总值的 57.7%。其中，航空航天器、光通信设备出口增长超过 10%，医疗仪器及器械和大型成套设备出口增长超过 5%。工程机械、汽车、家电、机床、发电机出口均实现正增长。七大类劳动密集型产品出口 2.9 万亿元，下降 1.7%，占出口总值的 20.8%。其中，纺织品、玩具和塑料制品出口实现正增长。

2016 年，我国对“一带一路”沿线部分国家出口实现较快增长，其中对俄罗斯、孟加拉国、印度出口分别增长 14.2%、9.3% 和 6.6%。同期，我国对欧盟和美国出口分别增长 1.3% 和 0.1%，对东盟出口下降 1.9%，对三者出口合计占我国出口总额的 46.7%。

此外，民营企业出口比重进一步提升。2016 年，我国民营企业进出口 9.28 万亿元，增长 2.2%，占我国外贸总值的 38.1%。其中，出口 6.35 万亿元，下降 0.2%，占出口总值的 45.9%，继续保持出口份额居首的地位；进口增长 8.1%。民营企业已成为推动外贸增长的生力军，推进贸易升级与实现贸易产品、模式、业态创新的重要载体。民营企业贸易比重提升，意味着我国外贸领域的创新能力、活跃程度、质量效益持续改善。

（三）进口增长稳健，进口效益进一步提升

2016 年，我国主要大宗商品进口量保持增长，其中，原油、铁矿石、钢材、铜进口量分别增长 13.6%、7.5%、3.4% 和 2.9%。由于国际市场价格低迷，多数大宗商品进口价格继续下降。其中，铁矿石、原油、成品油、铜和钢材进口价格分别下跌 0.5%、18.6%、10.8%、6% 和 5.5%。因进口价格下降，我国进口原油、铁矿石、铜精矿等 10 类大宗商品减少

付汇约4100亿元，有利于企业降成本、增效益。

（四）外贸新业态成为增长新动力

2016年，我国新设12个跨境电子商务综合试验区，新增5家市场采购贸易方式试点，选取4家企业开展首批外贸综合服务企业试点。全年试点区域跨境电商进出口1637亿元，增长1倍以上。市场采购贸易出口2039亿元，增长16%。4家外贸综合服务试点企业服务的中小企业超过4万家。跨境电子商务、市场采购贸易、外贸综合服务企业这些新兴模式正成为外贸领域新的增长点。

（五）服务贸易加速发展

近年来，国际贸易与投资呈现新趋势，我国对外贸易发展进入新阶段，国内外经济贸易环境要求我国转变外贸发展模式，推进外贸加速升级，大力促进服务贸易发展。2016年，我国服务进出口总额53484亿元，比上年增长14.2%。其中，服务出口18193亿元，增长2.3%；服务进口35291亿元，增长21.5%。服务进出口逆差17097亿元。

从服务贸易规模看，首次突破5万亿元大关，继续保持世界第二。服务贸易占外贸比重达到18%，比2015年增加2.6个百分点。从市场看，内地与香港服务贸易额近2000亿美元，我国与美国突破1000亿美元大关，美国成为我国第一大服务贸易逆差来源地，逆差达523亿美元。与“一带一路”沿线市场服务进出口额合计1222亿美元，占比提高了3.4个百分点；其中服务出口额占比达21.5%，比2015年提高11个百分点。

第二章

2016 年度中国信保经营情况

2016 年，世界经济持续低迷，中国信保主动适应经济发展新常态，积极服务开放型经济，各项工作均取得较好进展。

一、2016 年度中国信保经营业绩概述

2016 年，中国信保的保险及担保业务实现承保金额 4731.2 亿美元（见表 1），增长 0.3%。累计服务支持客户 7.1 万家，增长 23.6%。出口信用保险覆盖面进一步扩大，承保金额 3975.2 亿美元，增长 3.1%，高于同期全国出口增幅 10.8 个百分点。出口信用保险对同期我国出口总额的渗透率达到 18.9%（见表 1），比 2015 年提高 2.0 个百分点。

表 1　2010～2016 年中国信保经营概况　　单位：亿美元

指标名称	2010 年	2011 年	2012 年	2013 年	2014 年	2015 年	2016 年
承保金额	1964.3	2538.9	3458.3	3969.7	4455.8	4715.1	4731.2
承保保费	13.1	15.1	22.2	22.1	29.1	26.0	25.5
已决赔款	5.0	9.3	11.8	13.0	11.2	14.5	12.7
出口渗透率（%）	10.4	11.4	14.3	14.8	15.6	16.9	18.9
一般贸易渗透率（%）	22.8	23.6	29.7	30.1	30.3	31.7	33.2

中国信保成立15年来，各项业务累计实现承保金额2.9万亿美元，年均增长44.4%，向客户支付赔款94.8亿美元。其中，出口信用保险累计实现承保金额2.4万亿美元，年均增长43.3%。

二、分险种业务经营情况

（一）短期出口信用保险业务

2016年，短期出口信用保险共实现承保金额3752.4亿美元（见表2），同比增长3.1%，已决赔款9.2亿美元。全年支持出口到新兴市场、长账期赊销出口等高风险业务1825.7亿美元，占同期短期出口信用保险承保规模的48.7%。全年承保服务贸易金额达230.4亿美元，同比增长3.7%。全年服务小微企业5.1万家，同比增长29.7%，实现承保金额457.2亿美元，同比增长11.7%。

（二）中长期出口信用保险业务

2016年，中长期出口信用保险全年新增承保金额226.1亿美元[①]，主要分布在电力、交通、船舶、基础设施、电信等行业。已决赔款2.5亿美元。业务覆盖44个国家和地区，实现了对澳大利亚、保加利亚、马尔代夫、马里、摩纳哥和塞内加尔等6个国别（地区）的承保突破。

（三）海外投资保险业务

2016年，海外投资保险实现承保金额426.5亿美元（见表2），增长4.2%，主要分布在能源矿产、电力、冶金等行业。海外投资保险承保项目覆盖69个国家和地区，实现了对加纳、肯尼亚、乌干达、新西兰等4个

① 此处为新增承保口径，当年实际承保金额229.9亿美元。

国别的承保突破。

（四）国内贸易信用保险业务

2016年，国内贸易信用保险业务继续坚持“效益优先、稳健经营”的原则，优化业务结构，严控业务风险。全年实现承保金额2074.6亿元（见表2），已决赔款6.2亿元，增长36.2%。

（五）担保业务

2016年，担保业务新增担保金额15.5亿美元。2016年，配合国家“一带一路”倡议，中国信保继续以内保外贷形式，通过与信用保险产品的组合，为核心客户提供金融服务；进一步拓展了保函业务的海外渠道，在巴基斯坦、沙特阿拉伯、巴西、俄罗斯等国家实现突破，巩固了在中东和北非地区的独特市场优势。

表2 2010~2016年中国信保分险种承保金额 单位：亿美元

指标名称	2010年	2011年	2012年	2013年	2014年	2015年	2016年
短期出口信用保险	1543.3	2054.8	2729.1	3093.0	3448.2	3638.8	3752.4
中长期出口信用保险	96.5	107.6	207.4	181.5	202.5	217.6	222.9
投资保险	141.8	167.1	250.8	306.5	360.7	411.2	427.0
海外投资保险	136.6	163.7	245.8	303.8	358.4	409.4	426.5
国内贸易信用保险（亿元）	1125.9	1335.5	1644.4	2320.9	2579.0	2323.2	2074.6
担保	1.7	2.4	2.7	11.3	24.0	69.9	15.5
其他	4.7	0.1	7.7	3.1	0.7	3.2	0.4

三、其他服务开展情况

（一）信用保险项下追偿

2016年，中国信保追偿渠道的地域和功能布局日趋合理，开发“一带一路”沿线国家渠道 31 家，非洲渠道 7 家，有效补充了薄弱地区的渠道体系。全年新增入库渠道 50 家，目前在库渠道 256 家，覆盖公司全部承保国家和地区。渠道功能已涵盖损因调查、欠款追讨、物流追踪、法律咨询、诉讼仲裁、资产评估及保险公估等多个领域。

2016 年，中国信保在短期出口信用保险业务项下，在 122 个国家和地区的 3848 余宗案件中实现有效减损，共计追回欠款 2.4 亿美元；在国内贸易信用保险项下，通过赔前减损措施为客户挽回损失 0.9 亿元。

（二）信用保险项下融资

2016 年，中国信保积极帮助企业运用信用保险获得银行融资，全年共支持企业获得银行融资超过 2587 亿元。截至 2016 年末，有实际合作业务的银行达 242 家，累计支持企业获得银行融资超过 2.6 万亿元。

（三）资信评估

2016 年，中国信保不断完善资信业务体系，进一步优化买方风险跟踪机制，实施海外风险主体行业短期信用风险评估，大力开展对外经企业的海外投资咨询服务，着手建设服务中小微企业的信用风险管理平台，累计为我国企业提供海内外企业资信报告 36.4 万份；涉及 30 余个行业的行业研究报告 212 份。截至 2016 年末，中国信保共拥有海内外资信信息渠道 109 个，资信调查业务可覆盖 200 多个国家和地区。

第三章

2016 年度中国信保政策性职能履行绩效评估

本章基于对“中国信保政策性职能履行评价指标体系”的数据测算，就 2016 年度中国信保政策性职能履行情况进行了定量评估。结果显示，中国信保在促进出口、拉动经济增长、配合国家外交战略、支持外贸转型升级、为海外投资提供风险保障等方面都发挥了重要作用。

一、指标体系测算结果

依据“中国信保政策性职能履行评价指标体系”（指标体系构建方案、计算方法详见附录一），2016 年中国信保政策性职能履行情况测算结果如表 1 所示。

二、中国信保政策性职能履行绩效评价

（一）积极推动对外经贸发展

2016 年中国信保积极落实国家政策，连续第 5 年圆满完成了出口信用保险任务，为稳定外贸作出积极贡献，在促进经济增长和社会就业等领域

表 1　中国信保政策性职能履行评价指标数据[1]

序号	指　标	2011 年	2012 年	2013 年	2014 年	2015 年	2016 年
1	出口拉动比例	22. 87	24. 42	23. 89	23. 76	25. 12	27. 57
2	投资拉动比例	3. 76	4. 08	3. 48	3. 41	3. 64	3. 68
3	消费拉动比例	1. 75	1. 78	1. 62	1. 58	1. 52	1. 53
4	信用保险对 GDP 的贡献率	5. 79	5. 91	5. 56	5. 38	5. 16	5. 17
5	就业拉动比例	10. 15	10. 79	10. 14	9. 88	10. 42	10. 92
6	外交重点国别渗透率[2]	—	—	—	—	—	—
7	海外投资渗透率	5. 00	9. 50	5. 00	7. 78	6. 08	2. 83
8	对外承包工程覆盖率	12. 94	19. 99	16. 76	20. 60	17. 30	16. 12
9	“一带一路”渗透率[3]				10. 91	14. 00	13. 61
10	“一带一路”业务占比[3]				23. 89	27. 28	25. 74
11	出口渗透率	11. 39	14. 33	14. 82	15. 59	16. 96	18. 95
12	客户覆盖率	7. 37	12. 77	14. 98	16. 78	17. 85	21. 41
13	新兴市场渗透率	13. 25	16. 62	17. 39	18. 25	20. 43	22. 82
14	新兴市场业务占比	38. 37	40. 23	41. 98	43. 62	44. 65	45. 71
15	重点行业渗透率	9. 96	11. 96	12. 36	13. 06	13. 59	14. 50
16	重点行业业务占比	73. 99	72. 12	70. 97	72. 57	70. 95	68. 95
17	重点国别渗透率	12. 08	13. 55	11. 61	13. 25	14. 37	14. 86
18	重点国别业务占比	26. 74	25. 47	22. 73	25. 09	22. 49	21. 30
19	中西部地区出口险保额渗透率	11. 00	12. 16	10. 73	10. 72	11. 04	12. 11
20	中西部地区海外投资支持率	20. 42	17. 88	33. 47	25. 04	15. 24	14. 72
21	东北老工业基地出口险保额渗透率	11. 64	15. 43	14. 98	17. 05	17. 90	17. 72
22	东北老工业基地海外投资支持率	8. 42	4. 11	12. 61	11. 27	12. 24	5. 44
23	损失补偿（亿美元）	9. 24	11. 29	12. 67	10. 71	13. 74	11. 68
24	追偿效果（亿美元）	2. 27	1. 61	3. 16	3. 61	3. 28	2. 48
25	融资比例	3. 69	5. 24	4. 59	4. 33	3. 28	2. 97
26	小微企业覆盖率	3. 83	10. 41	10. 85	15. 44	17. 47	21. 26

注：1. 除特别说明外，指标单位均为%；

2. 外交重点国别渗透率参见表 2；

3. “一带一路”渗透率、“一带一路”业务占比两项指标，均为 2014 年度报告中新加入指标体系的指标，相关数据从 2014 年度开始统计；

4. 部分历史数据根据统计口径变化进行了相应调整。

发挥了重要作用。

从GDP促进效果看，2016年信用保险对GDP的贡献率达到5.17%。从出口促进效果看，2016年信用保险出口拉动金额超过5700亿美元，占同期我国出口总额的比重达27.57%，创中国信保成立以来新高。从就业促进效果看，近年来，出口信用保险拉动的就业总量保持上升趋势。2016年出口信用保险间接带动就业数超过1500万人，占我国外贸行业从业人员的近1/10，占我国就业总人口比例约为1.9%。

（二）大力支持国家战略

在支持“一带一路”建设方面，中国信保2016年支持“一带一路”沿线国别出口和投资1133.1亿美元，承保了“一带一路”国别项下全部64个国家。其中，中长期出口信用保险共承保“一带一路”项目56.5亿美元，对大型成套设备出口融资应保尽保；海外投资保险共承保“一带一路”项目307.3亿美元，增长3.4%，有力支持了企业“走出去”；短期出口信用保险“一带一路”项下承保金额769.4亿美元，增长6.5%，对沿线相关国别业务支持力度明显提升。

在服务国家外交战略方面，中国信保2016年对外交重点国别，如东盟、阿盟的出口险渗透率分别达到9.6%和17.4%，对俄罗斯、巴西、印度和南非等“金砖国家”的出口险渗透率也分别达到11.3%、18.9%、16.4%和15.4%（见表2）。

（三）持续扩大出口险覆盖面

近年来，中国信保致力于扩大信用保险的覆盖面，出口渗透率不断提升，客户覆盖率不断提高。

从出口渗透率看，由2009年的8.21%跃升至2016年的18.95%，出

表2　2012～2016年中国信保对部分外交重点国别出口渗透率　　单位:%

重点国别	2012年	2013年	2014年	2015年	2016年
东盟	12.3	9.4	9.5	9.4	9.6
阿盟	15.3	13.3	14.7	15.3	17.4
上海合作组织	15.8	21.3	10.1	24.2	9.4
拉丁美洲	16.3	16.8	20.0	20.9	17.3
非洲	17.4	19.6	25.1	19.3	34.6
俄罗斯	17.0	15.6	12.3	11.7	11.3
巴西	15.9	16.0	15.2	16.0	18.9
印度	15.8	13.6	13.4	15.2	16.4
南非	12.2	13.9	12.2	14.3	15.4

口保障作用逐步提升。从一般贸易出口渗透率看，自2010年以来连续7年超过20%，在渗透率已经处于高位的情况下，又比上年提高了1.9个百分点。

从客户覆盖率看，2010年以来中国信保对出口企业支持力度不断加大，客户覆盖率从2010年的6.71%跃升至2016年的21.41%。

从支持小微企业情况看，中国信保对小微出口企业支持力度逐年增大，小微企业覆盖率从2010年的3.04%跃升至2016年的21.26%。

（四）支持外贸转型升级

出口信用保险在稳定外贸发展、培育外贸竞争新优势方面的作用日益显现，已成为我国推动出口贸易、促进产业升级的重要政策工具。2016年，中国信保实施针对性的积极承保措施，加大对自主品牌、高新技术、战略性新兴产业及装备制造业及其他重点行业的支持力度；通过对服务贸易、国际营销网络、跨境电商平台等新业态的积极承保，着力培育外贸竞争新优势。

支持重点行业方面，2016年重点行业业务占比达到68.95%。重点行业渗透率由 2009 年的 6.82% 提升至 2016 年的 14.50%。

支持重点国别方面，2009 年以来重点国别占比稳定在 20% 以上，2016 年重点国别业务占比达到 21.30%，较 2015 年微降 1.19 个百分点。

支持新兴市场出口方面，2016 年新兴市场业务占比由 2015 年的 44.65% 提高至 45.71%。对新兴市场的渗透率从 2015 年的 20.43% 跃升至 2016 年的 22.82%。

（五）为海外投资提供风险保障

多年来，中国信保通过海外投资保险大力支持我国企业“走出去”。数据显示，中国信保海外投资保险承保规模逐年扩大，2016 年支持企业对外投资金额达 426.5 亿美元，增长 4.2%，海外投资渗透率为 2.83%（见表 3），其中对东北老工业基地海外投资支持率为 5.44%，对中西部地区海外投资支持率为 14.72%。

表 3　海外投资渗透率和地区支持率　　单位：%

指标	2011 年	2012 年	2013 年	2014 年	2015 年	2016 年
海外投资渗透率	5.0	9.5	5.0	7.8	6.1	2.8
东北老工业基地海外投资支持率	8.42	4.11	12.61	11.27	12.24	5.44
中西部地区海外投资支持率	20.42	17.88	33.47	25.04	15.24	14.72

2009 年以来中国信保已决赔款金额大幅增长，保障了企业的稳定经营。2016 年出口信用保险已决赔款达到 11.68 亿美元，追偿收入达到 2.48 亿美元，为出险企业的收汇风险提供了积极保障，为企业的稳定经营提供了支持。

三、地区政策性职能履行绩效

根据“中国信保地区政策性职能履行评价指标体系”（详见附录二），

地区政策性职能履行情况包括宏观和微观两个方面，宏观方面说明分支机构政策性履职的宏观效能，分别从出口拉动和就业拉动两个方面进行评价；微观方面表示分支机构为实现政策性职能履行而开展的工作，指标涵盖支持出口、支持出口结构调整、支持“走出去”战略、支持企业发展等方面的指标。

2016 年地区政策性职能履行情况测算结果显示，在东南沿海外贸发达区域，信用保险对该地区出口及就业拉动效应较为明显。例如，江苏省出口信用保险拉动出口 800. 0 亿美元，拉动就业 217. 0 万人；广东省拉动出口 778. 8 亿美元，拉动就业 211. 3 万人；浙江省拉动出口 718. 2 亿美元，拉动就业 194. 8 万人。其他指标结果详见表 4 “2016 年各地区政策性职能履行情况一览表”。

表 4 2016 年各地区政策性职能履行情况一览表

地 区	拉动出口金额（亿美元）	拉动就业人数（万人）	出口渗透率（%）	客户覆盖率（%）	新兴市场渗透率（%）	新兴市场业务占比（%）	重点行业渗透率（%）	重点行业业务占比（%）	重点国别渗透率（%）	重点国别业务占比（%）	“一带一路”渗透率（%）	“一带一路”业务占比（%）	损失补偿（万美元）	追偿效果（万美元）	小微企业覆盖率（%）
北京	630.5	171.0	82.4	18.4	143.6	91.2	51.5	47.6	122.2	49.8	86.0	58.0	24877.0	10750.2	15.6
天津	91.0	24.7	14.1	30.8	9.7	29.5	9.2	49.3	9.3	21.7	7.8	22.1	3559.2	282.2	33.6
河北	133.9	36.3	30.1	33.4	7.4	12.3	28.8	64.5	6.9	7.9	6.0	8.0	2513.4	389.0	37.0
山西	36.9	10.0	25.6	89.6	18.1	17.3	7.4	26.1	15.7	13.8	13.4	13.0	154.7	10.6	95.6
辽宁	128.7	34.9	18.6	17.3	9.0	19.6	13.4	51.0	4.0	4.7	5.0	9.8	2027.1	220.1	16.4
上海	473.3	128.4	17.7	9.9	18.2	26.7	15.3	75.7	19.9	18.0	17.1	21.8	6292.5	1811.5	9.2
江苏	800.0	217.0	17.2	18.8	10.6	18.8	11.7	63.5	8.7	11.4	9.4	15.1	13730.2	2390.0	18.9
浙江	718.2	194.8	24.3	21.3	9.9	20.1	22.6	82.8	11.7	14.5	10.3	16.5	12155.6	1822.9	17.8
宁波	257.8	69.9	27.3	31.0	17.3	20.3	24.4	83.2	18.9	16.2	16.6	16.3	6431.1	1057.1	27.0
安徽	80.4	21.8	19.4	38.5	14.3	38.5	17.0	75.1	13.1	18.2	14.6	26.1	3252.8	348.5	49.6
福建	167.5	45.4	20.2	29.9	9.5	22.7	17.6	73.2	9.2	10.9	8.4	16.5	1976.7	442.2	26.9
厦门	158.2	42.9	23.3	17.0	8.1	12.6	20.9	80.0	6.8	6.3	6.7	10.1	1739.3	324.4	14.5
山东	404.7	109.8	20.2	13.6	23.6	44.7	16.5	63.1	18.8	20.8	24.4	33.2	7011.8	490.5	13.5
河南	64.9	17.6	10.4	19.3	14.5	36.7	6.4	56.2	7.1	12.5	9.1	19.0	1516.8	103.6	19.6
广东	778.8	211.3	14.6	26.6	8.7	21.7	11.7	78.2	8.7	14.7	8.6	17.9	11223.6	1549.6	31.1

续表

地区	拉动出口金额（亿美元）	拉动就业人数（万人）	出口渗透率（%）	客户覆盖率（%）	新兴市场渗透率（%）	新兴市场业务占比（%）	重点行业渗透率（%）	重点行业业务占比（%）	重点国别渗透率（%）	重点国别业务占比（%）	“一带一路”渗透率（%）	“一带一路”业务占比（%）	损失补偿（万美元）	追偿效果（万美元）	小微企业覆盖率（%）
深圳	433.8	117.7	12.6	18.9	25.4	45.2	11.0	87.4	28.4	29.0	19.2	27.6	9607.0	1984.6	17.4
四川	63.2	17.1	15.3	20.4	15.4	38.0	12.5	76.5	13.8	19.7	13.4	29.5	1874.0	170.6	20.2
云南	28.5	7.7	16.9	31.4	9.0	50.3	13.4	69.1	5.4	19.5	7.7	43.4	464.5	53.6	35.8
陕西	41.6	11.3	12.0	26.4	9.1	30.8	10.0	82.4	6.0	10.7	3.8	13.8	487.9	46.6	26.9
黑龙江	9.6	2.6	13.1	42.5	9.6	55.8	9.6	55.5	2.6	9.0	11.2	60.2	19.6	9.3	40.6
江西	53.8	14.6	12.4	38.2	8.1	38.8	9.2	75.9	3.9	11.8	1.2	6.3	599.3	137.0	48.2
湖北	67.3	18.3	17.7	21.8	9.6	24.6	8.5	43.9	7.3	12.9	8.4	19.4	652.6	18.2	23.6
湖南	62.7	17.0	18.8	20.3	23.1	56.4	10.6	55.2	21.0	32.7	21.3	43.6	1455.8	173.1	20.4
广西	33.1	9.0	9.9	49.0	2.2	39.7	7.2	44.0	2.0	37.8	2.3	41.5	653.0	-44.4	57.5
重庆	56.5	15.3	9.5	26.7	10.0	45.8	6.9	83.7	12.1	34.8	8.4	31.6	2137.8	210.4	31.9
新疆	6.0	1.6	2.6	7.3	0.7	28.4	1.6	59.1	0.9	16.9	0.6	24.9	336.0	4.0	8.3
内蒙古	11.0	3.0	17.2	28.5	1.8	7.2	17.6	80.3	1.5	3.4	1.3	4.6	90.6	0	28.1

注：1. 地区界定采用中国信保分支机构辖区进行划分，个别分支机构辖区包括两个及以上省份，如辽宁辖区包括辽宁和吉林两省。

2. 北京地区部分数据因辖区划分、中长期业务占比较大等原因，未形成有效数据。

3. 客户覆盖率 = 出口险客户数/当年有出口实绩的出口企业数 × 100%，小微企业覆盖率 = 小微企业服务支持客户数/当年有出口实绩的小微企业数 × 100%。

第四章

2016 年度中国信保政策性职能客户满意度分析

2016 年，中国信保不断加大政策性保险的业务创新，着力提供一站式全方位深度服务，加大力度支持外经贸企业开拓国际市场。下文将从客户服务角度来分析探讨 2016 年中国信保政策性职能履行情况。

一、2016 年度中国信保提升客户服务主要做法

（一）信用保险组合拳助力出口企业

2016 年，中国信保全年服务支持客户数 7.1 万家，较上年增长 23.6%。其中，小微企业客户突破 5 万家，对小微出口企业的覆盖率达到 21.3%。全年支持企业通过出口信用保险获得融资 2587.2 亿元，向企业和银行支付赔款 12.7 亿美元，有力保障了企业的稳定经营，以实际行动践行了政策性信用保险机构的职责。

适当提高业务风险容忍度。2016 年，针对部分外贸企业实力不强、信心不足、无力接单等问题，中国信保进一步提高风险容忍度，进一步加大

对战略性新兴产业、自主品牌、自主知识产权、小微企业等方面的支持力度。在国别承保方面，中国信保在支持企业巩固传统出口市场的基础上，持续加大对重点新兴市场的支持，针对重点客户适度放宽承保条件，进一步提高信用限额资源利用率。2016 年全年短期出口信用保险承保企业向新兴市场出口 1425.6 亿美元，增长 6.6%。在客户承保方面，中国信保加大对重点支持领域、行业龙头企业等重点新签订单客户的支持，积极满足其重点关注业务需求，保障企业抢订单及在手订单需求。在支持货物贸易的同时，中国信保创新支持服务贸易，对维修服务、软件出口、影视、版权等领域给予重点支持。

助推外贸企业转型发展。中国信保将新一代信息技术产业、海洋工程装备及高技术船舶、先进轨道交通装备、节能与新能源汽车等行业作为支持重点，制定有针对性的承保措施以及个性化承保方案，实现了对制造业中细分行业的重点支持，为传统制造业的转型升级注入了活力。例如 WH 公司是我国唯一一家拥有异氰酸酯全系列制造核心技术自主知识产权的企业。自 2005 年投保出口信用保险以来，随着该公司出口规模不断扩大，投保规模已从初期的 2000 万美元增长至 2016 年的 16.7 亿美元。近年来，WH 公司在中国信保全球保单的支持下，逐步建立了全流程风险管理体系，进一步实现了产能全球集约化。

进一步降低短期出口信用保险费率。2016 年，为减轻外需不振和国内成本上升给出口企业带来的双重压力，中国信保及时调整短期出口信用保险费率，平均费率同比下降 5.1%，进一步降低了企业投保压力。

继续加大对小微企业的支持力度。针对风险控制能力强、承保质量好的小微企业客户，中国信保在保单续转时下浮费率。对于重点支持领域首次投保的新小微企业客户，中国信保鼓励相关企业体验出口信用保险服务，在费率上给予了一系列优惠。中国信保还与商务部共同印发《关于支持中小外贸企业提升国际化经营能力的通知》，并配套制定了《服务小微企业工作指引》，使政策性出口信用保险对小微企业的服务更加规范化、标准化。对小微企业最关注的保险理赔事项，中国信保采用小额案件“快速理赔”服务机制，通过“简化流程、简化单证、简易勘查、快速理赔”操作模式，2016 年全年向小微企业支付赔款金额达到 1.2 亿美元，平均理赔天数较一般理赔缩短了 23 天，切实提升了理赔服务的市场响应速度。

（二）多措并举深化合作关系

2016 年，中国信保开展了形式多样的客户活动共计 1800 余场，覆盖客户 34000 多家。在中国信保总公司层面，举办了通讯、家电、医药、纺织等行业主题和“一带一路”、民营企业“走出去”主题的信用风险管理高层论坛 6 场，参会企业 223 家，实现了对营业机构的全覆盖；在地方营业机构层面，28 家营业机构结合辖区特点开展了各具特色的客户活动，广东、辽宁、江苏、福建等分公司全年举办客户活动均超过百场。通过多种形式的活动，进一步深化了客户合作关系，体现了中国信保的政策性职能与专业化价值，提升了品牌影响力。

2016 年中国信保首次开展“客户服务月”活动，开展重点客户授牌仪式、客户体验馆、信保大讲堂、国别风险论坛、重点客户座谈会、小微企业服务宣讲会等活动共计 1200 余次，覆盖客户 2.1 万家。与此同时，积极搭建行业客户交流平台。一是对医药行业探索开展重点客户调研、行业客户服务经验交流以及信用风险管理高层论坛系列行业营销服务活动，全年该行业项下保额实现逆势增长，行业渗透率上升至 29%，新签保单 77

张，推动全球科技领先的基因测序公司华大基因、新药研发服务贸易领军企业药明康德等高端医药企业开发取得突破性进展。二是进一步扩展对行业链条承保覆盖。通过行业链上、中、下游企业交流互动，家电行业实现对部分产业链上游企业的承保和优质业务的扩大承保。三是“渠道建设+承保政策+营销支持”三管齐下。渠道方面，邀请商务部、工信部、机电商会和医保商会等政府及商协会专家出席相关客户活动讲解产业政策，与捷孚凯、汤森路透等专业行业咨询公司建立联系机制，邀请专家出席行业活动，分析行业发展前景；承保政策方面，通过各类行业客户活动加强客户、市场一线和承保人的互动，推动行业承保政策的优化；营销支持方面，通过整合、交流客户服务案例、承保理赔经验，形成对客户服务的营销支持。

二、2016年度中国信保政策性职能客户满意度分析

为了解客户对中国信保政策性职能发挥情况及客户满意程度的评价，课题组于2016年6月委托第三方开展了客户满意度调查。本次调查由世界知名的专业市场调查机构——益普索市场咨询有限公司作为调查执行方，全程历时4个月。调查以中国信保的客户群体为对象，采用一对一访谈、电话调查及在线问卷等多种方式，过程公开、透明，客户参与率达27.5%，具有较好的权威性和代表性。

下文分别从整体评估、纵向视角和横向比较三个层面来阐释2016年中国信保客户满意度情况。

（一）整体评估：满意度、忠诚度及政策性职能认知

问卷结果显示，中国信保的整体客户满意度高达94.0%，反映客户综

合体验较好，感知较为满意；客户对中国信保忠诚度较高，大多数客户愿意将中国信保推荐给其他潜在客户；同时，客户高度认可中国信保在加强风险管理、促进出口增长等方面的政策性职能。

1. 满意度

客户满意度是客户对于实际获得的服务与期望值的差距，当客户认为实际服务达到或超出期望时则表示满意，而低于其期望时则表示不满。调查结果显示，中国信保 2016 年度客户整体满意度为 94.0%，客户综合体验反映较好，感知较为满意。分级别来看，各级客户满意度基本持平。AAA+级客户满意度 94.3%，AAA 级客户满意度 93.3%，AA 级客户满意度 94.6%，A 级客户满意度 93.8%。分合作年限来看，不同合作年限的客户整体满意度差异不大。合作 7～10 年客户满意度最高，为 95.8%，合作 1～3 年客户满意度较之其他合作年限的客户略低，为 92.4%。

2. 忠诚度

忠诚度主要通过整体推荐度、净推荐值（NPS）[①] 和合作拓展意愿三个方面进行考察。调查结果显示，客户整体推荐度为 90.0%，代表 90% 的客户愿意推荐中国信保的服务。国际流行的忠诚度指标 NPS 为 71.3，体现客户向其他企业推荐中国信保的意愿处于较高水平。目前同样使用 NPS 进行评估的同业机构为 EDC，2015 年 NPS 为 71.9。客户对未来的合作意愿较高，86.3% 的客户表示将保持或扩大与中国信保的合作规模。

① 净推荐值（NPS）又称净促进者得分，是一种计量客户向其他人推荐某个企业可能性的指数，是通行的客户忠诚度分析指标。该指标先请客户根据愿意推荐的程度在 0～10 之间打分，评分为 9～10 分客户数量的比重减去 0～6 分客户数量的比重即为 NPS。

3. 政策性职能认知及作用发挥情况

（1）客户对中国信保政策性职能有较为全面的认知。

调查显示，客户对中国信保出口信用保险产品在“降低和控制风险”“出险后给予赔付支持”及“开拓市场”三个方面的政策性职能有较为清晰的认知，特别是“降低和控制风险”的功能获得客户广泛认可。

具体来说，超过八成（83.5%）的客户认为中国信保在“降低和控制风险”方面发挥了重要作用。其中，有64.3%的客户认为中国信保帮助企业过滤了资信状况较差的客户；有60.4%的客户认为中国信保帮助提升了企业的风控能力，从而有效降低了企业的运营风险。此外，50.6%的客户认为中国信保在“风险发生后能够及时给予赔偿”；还有45.2%的客户认为中国信保在“帮助企业扩大业务规模”“拓展新的市场”方面为企业提供了重要支持。另有21.6%和17.8%的客户分别认为信保产品能够“帮助企业获得融资”和“降低管理层职业风险”。

（2）中国信保为客户出口带来积极促进作用。

64.3%的客户认为投保出口信用保险后促进了出口的增长，其中，17.5%的客户认为自己的出口业务增长规模超过50%，少数客户甚至翻倍。从客户级别来看，中国信保产品对于AAA和AA级客户的出口规模增长影响大于A级客户，对于AAA+客户影响更为明显，42.9%的AAA+级客户与中国信保合作后出口业务规模增长超过50%。

（二）纵向视角：关键服务要素满意度情况分析

1. 各要素满意度情况分析

此次调查将中国信保核心服务环节分为产品保障、承保操作、理赔操作和服务人员四个方面的八个关键要素，得分情况如表1所示。

表 1　中国信保核心服务环节关键要素得分情况

八个关键要素		满意度得分	得分排名
产品方面	产品	90.7	2
承保操作方面	业务满足业务需求	87.4	5
	限额审批效率	85.4	7
	资信报告	87.1	6
理赔操作方面	理赔效率	79.3	8
	理赔结果	89.0	4
	理赔过程中的服务和沟通	89.8	3
服务人员方面	客户经理	96.8	1

调查采用夏普利值（Shapley Value）① 统计方法，计算八大要素对于客户整体感知的重要性，并结合调查得出的各要素客户满意度，将八大要素归类为强化优势、亟须改进、次要改进和保持优势四类，如图 1 所示。

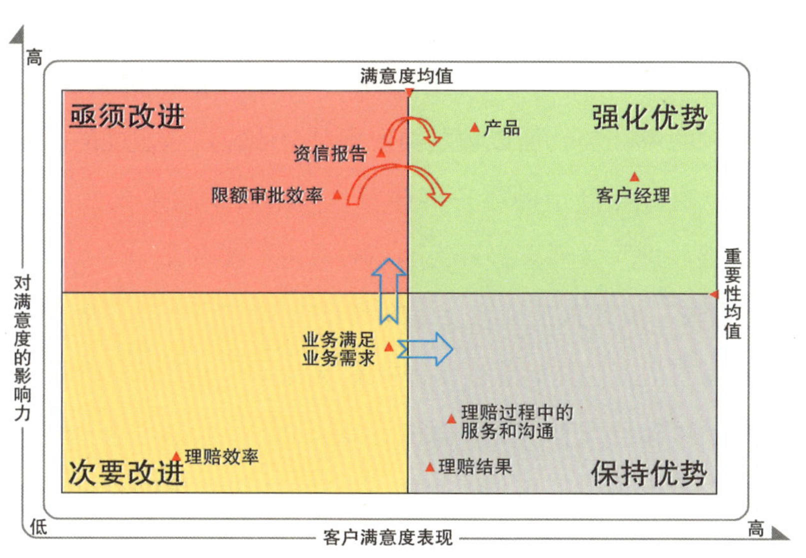

图 1　中国信保核心服务环节关键要素归类情况

① 夏普利值是一种常用的统计方法，它通过加权计算来确定影响客户满意程度各个因素的重要性。

“强化优势”类要素是满意度和重要性双高的要素，包括“产品”和“客户经理”。其中，“产品”的满意度为90.7%，“客户经理”的满意度高达96.8%。这些要素是目前的相对优势，也是保持客户满意度水平的关键，应继续强化。

“亟须改进”类要素是重要性较高但目前满意度较低的要素，包括“限额审批效率”和“资信报告”。其中，“限额审批效率”的客户满意度为85.4%，“资信报告”的满意度为87.1%。这些要素的满意度对总体满意度影响较大，亟须进行服务改进，是提升客户满意度的着力点。

“次要改进”类要素处于满意度和重要性双低区域。这些要素的重要性低于“亟须改进”区域，但目前满意度也较低，包括“业务满足业务需求”和“理赔效率”。其中，“业务满足业务需求”的满意度为87.4%，“理赔效率”的满意度为79.3%。改进这类要素的满意度所产生的提升作用将在长期有所体现。值得关注的是，由于发生理赔案件的客户仅占整体客户数量比例的49.7%，所以理赔类要素对全体客户满意度的影响程度相对较低，但从有理赔经历的客户群体看，理赔效率的重要性水平显著提升，由“次要改进”类要素提升为“亟须改进”类要素。

“保持优势”类要素是满意度表现尚佳但重要性不高的要素，进一步改进这些要素对提升整体满意度水平的影响有限。因此，落入这一区域的服务要素目前可保持现有水平，而将更多的资源转移向“强化优势”“亟须改进”和“次要改进”区域。目前，“保持优势”类的要素是“理赔过程中的服务与沟通”和“理赔结果”，“理赔过程中的服务与沟通”的满意度为89.8%，“理赔结果”的满意度为89.0%。

2. 各要素综合分析

从上述分析可以看出，效率类要素是中国信保目前应当优先改进的服务要素，是提升整体满意度的关键。在四个改进类要素（“亟须改进”和

“次要改进”）中，与效率相关的服务要素有“资信报告”“限额审批效率”和“理赔效率”三个，目前的效率水平未得到客户的充分认可。

对于同属理赔环节的“理赔过程中的服务与沟通”“理赔结果”以及同属限额环节的“限额满足情况”，客户整体评价相对较好，而对“产品保障”和“客户经理”的满意度已经达到较高水平。调查中客户反映的较突出的问题如表2所示。

表2 调查中客户反映的突出问题

限额审批方面	材料完整提交后，信保内部审批时间长	40.4%
	调取资信报告花费时间较长/多次调取资信报告	30.7%
	不能及时查看了解审批进度	25.3%
资信报告方面	资信报告调取时间长，效率低	30.9%
	某些国别或买方资信报告很难获得	25.3%
	资信报告内容不全面，关键信息缺乏	22.6%
理赔过程方面	对贸易纠纷的勘察和认定耗时较长	44.2%
	不能及时查看了解案件处理进度	27.9%
	因信保指导不到位，导致索赔材料准备效率低下	12.3%
	企业对保单条款的理解与信保存在差异	11.0%
客户经理方面	进一步提升服务主动性	49.3%
	提高稳定性，不要更换太频繁	29.2%
	业务能力有待提升	21.8%

综合来看，客户对中国信保的整体满意度处于较高水平，继续保持或扩大合作意愿较强，但不同服务要素、不同营业机构的满意度状况不尽相同，在某些主要业务环节距离客户期望仍有一定差距。对中国信保而言，要深入研究调查反映的薄弱环节和具体问题，全面查找不足，做好有针对性的改进工作，不断满足客户的服务期望、不断优化客户体验，推动客户整体满意度水平的提升，更好地发挥政策性信用保险服务出口企业的重要作用。

第五章

2016 年度中国信保政策性职能履行案例

本章主要介绍中国信保在支持企业“走出去”、支持国家重大项目和“一带一路”建设、支持重点出口企业和小微企业等方面开展的一些有代表性的具体工作。

一、支持企业“走出去”

近年来，中国信保一直高度重视对我国企业“走出去”项目的扶持，积极为各类企业提供融资保险服务，全力支持企业“走出去”。

（一）安哥拉卡古路卡巴萨水电站项目

中国信保于 2013 年开始与 G 集团携手跟踪安哥拉卡古路卡巴萨水电站（下称卡卡水电站）项目，为支持该项目商务和融资推进，中国信保组建跨多个部门的重大项目工作小组，集中资源为该项目提供支持。项目工作小组克服时间紧迫、外部竞争激烈等困难，精心设计项目方案；与 G 集团和相关银行反复研究商务和融资结构，达成各方接受的合作方案；多次派员出访安哥拉商洽融资保险条件。在各方共同努力下，卡卡水电站项目于2016年终获承保，保额63亿美元，是中资企业在非洲承建的最大规模水电站项目，有力带动了我国海外工程承包和设备出口，支持了非洲亟须的基础设施。该项目的顺利投产，将为安哥拉实现经济多元化和可持续发展作出重大贡献。

（二）与意大利国家电力公司联合开发第三国市场

为推动与意大利国家电力公司（以下简称“ENEL”）的合作，2016年初，中国信保联合Z银行与ENEL签署了三方合作框架协议。在该协议项下，中国信保与中资银行携手为ENEL搭建融资保险框架，提供总额10亿美元的信用额度，支持ENEL在其全球项目，特别是拉美地区的项目中，优先采用中方的设备和技术，从而为中资企业和金融机构参与ENEL主导的国际大型项目打下了良好基础。

伊图维拉瓦系列光伏电站项目是中国信保与ENEL整体合作机制项下落实的首批项目。该系列项目位于巴西东北部巴伊亚州，由ENEL全资下属的意大利电力绿色能源公司投资，项目规划包括7个光伏电站集群，划分为南部、北部和伊图共3个项目，总装机容量为255MW。项目光伏组件部分由上海ZA公司设计、制造和出口。2015年9月，ZA公司与伊图维拉瓦系列光伏项目所属的3家项目公司共同签订了光伏组件采购合同，该批项目于2016年底正式承保，保额1.45亿美元。

（三）支持H公司和Z公司全球化发展

H和Z是全球通信行业的领先者和我国“走出去”企业的杰出代表。从2002年合作至今，中国信保在两家企业全球化进程中发挥了重要作用。如今，在出口信用保险的保障下，H、Z已发展成为全球第一大和第四大电信设备供应商。

针对H、Z商业项目多、灵活性高的特点，中国信保进行了一系列的产品创新，例如针对H、Z海外运营商市场拓展中遇到的长账期需求，专门研发了特定合同保险产品；在2012年H迈向消费者业务领域、亟须拓展经销商渠道之时，制定专门的服务方案，推动其在该领域下的经销商合作业务占比由2012年的1.5%提升到2016年的60%。

2016年，中国信保实现对H出口埃塞俄比亚电信全网扩容第四期项目的承保，涉及保额4.9亿美元，解决了H自进入埃塞俄比亚海外市场后大额应收账款的资金成本及风险的问题，提振了H在埃塞俄比亚电信市场继续拓展市场的信心；实现对H、Z乌兹别克斯坦项目的承保，为两家公司大规模进入乌兹别克斯坦第一大固网运营商业务打下重要基础。此外，2016年中国信保为H、Z喀麦隆农村光伏电站项目出具了意向书，为H、Z企业网业务进入喀麦隆市场打下重要合作基础。

此外，中国信保还承保了H、Z两家企业在印度、印度尼西亚、泰国、巴基斯坦等42个“一带一路”国别的大型电信项目，助力了其在“一带一路”涉及国别的市场开拓，有力推动了我国电信行业“走出去”。

二、支持国家重大项目和“一带一路”建设

作为政策性公司，中国信保在支持国家重大项目和“一带一路”建设方面始终主动作为，不遗余力。

（一）全力支持国家重大项目

2016年，中国信保认真贯彻落实国家相关决策部署，切实履行政策性职能，充分发挥出口信用保险的风险保障及便利融资功能，有力保障国家

重大项目顺利实施，取得了明显成效。

2016 年，中国信保承保国家重大项目 33 个，保额 313.9 亿美元，占项目险总保额的 48.1%，涉及铁路、电力、化工等重点行业，分布在安哥拉、巴基斯坦等 18 个国家。其中，中长期险承保国家重大项目 5 个，保额 109.6 亿美元，主要有安哥拉卡古路卡巴萨水电站项目、肯尼亚内罗毕至马拉巴标轨铁路项目（第一段内罗毕至纳瓦沙）、巴基斯坦萨希瓦尔燃煤电站项目等；海外投资险承保国家重大项目 30 个，保额 204.3 亿美元，主要有马来西亚 350 万吨钢铁厂项目、印度尼西亚南加里曼丹水泥生产线项目、印尼棕榈园经营项目等。

（二）支持“一带一路”建设

自 2013 年我国提出“一带一路”倡议以来，我国与沿线国家间的经贸联系日益紧密。作为政策性信用保险机构，中国信保积极提供信用保险支持，不仅没有因为“一带一路”沿线国家风险偏大而收缩信用额度，而且持续扩大承保规模，为“一带一路”沿线国家的经贸发展提供“中国信用”，用“中国信用”撬动中国与“一带一路”沿线国家的经贸合作。目前，我国政策性信用保险的承保范围已经覆盖“一带一路”沿线所有 60 多个国家和地区，在“一带一路”建设中发挥着提供信用支持、防范信用风险、促进项目融资、推动产能合作、拓展合作空间的重要作用，有序有效推进了我国与“一带一路”沿线国家的设施联通、贸易畅通、资金融通。“中国信用”不仅为“一带一路”建设提供了强劲的推动力，也从另一个侧面向世界彰显了中国信心和责任担当。

1. 牵线搭桥，造福“一带一路”沿线人民

基础设施建设是“一带一路”建设的优先领域，也是造福沿线各国和

人民的重要保障。中国信保积极支持中国与沿线各国携手打造新欧亚大陆桥、中国－中亚－西亚、中国－中南半岛等六大国际经济合作走廊，有效推动了沿线国家基础设施建设。四年间，借助信用保险的风险保障和融资支持，斯里兰卡科伦坡港口等一批惠民生、通民心的关键项目落地开花，奏响了一曲中国与沿线国家合作共赢、人民安居乐业的“交响曲”。

2016 年投入运行的老挝南欧江流域梯级电站是一个范例。中国信保通过为该项目提供海外投资风险保障，帮助项目公司获得银行贷款 7 亿美元。该项目不但有效缓解了老挝缺电的局面，中国企业还帮助当地修建了移民新村、寺庙、学校、公路等基础设施和文化设施，直接推动了民生建设和就业，使当地 20 多个自然村的生产生活条件得到大幅改善，老挝的“水电富国”战略与中国的“一带一路”愿景实现了完美融合。

2. 创新思维，为中巴经济走廊建设保驾护航

2014 年 11 月，我国与巴基斯坦签署《中国和巴基斯坦关于中巴经济走廊能源项目合作的协议》，确定了共同推进的 21 个能源合作项目。然而，中巴能源合作落地生根并非易事。由于历史原因，巴国一开始并无投保出口信用保险的意愿，只要求中方银行和企业解决投融资资金。但面对着纷繁复杂的地缘政治局势，中方企业和银行在没有信用保险的参与下，难以下定决心。经过多方努力，2015 年 1 月，巴基斯坦财政部长致函中国信保，表示巴方已经充分认识到了出口信用保险对于出口信贷的重要性，愿意为中巴经济走廊项下的所有能源项目投保信用保险。自此，中国信保参与中巴能源项目的建设拉开了序幕。

2015 年，中国信保即与巴基斯坦水电部建立了直接联系，展开与巴水电部就推动合作项目进展及签署框架合作协议的工作，希望通过签署协议，建立有效的沟通、协调机制，同时在双方政府指导下，推动解决

项目问题。2015年4月，在习近平主席首次访问巴基斯坦期间，中国信保与巴水电部签署了《中国出口信用保险公司与巴基斯坦水电部框架合作协议》。双方一致同意在合作项目上搭建融资保险合作机制，支持发电站建设、输变电及电网建设、能源和矿产资源的勘探和开发等领域的重点项目。

协议签署后，中国信保一方面进一步提高项目的材料报送和风险评审效率，制定了《中巴经济走廊能源合作项目承保细则》，对中巴经济走廊项目在费率、政治风险和商业风险覆盖范围、比例方面都执行了积极政策。另一方面，专门对项目的承保方式做出创新，在既有业务模式上扩大了对于“政治风险”的覆盖范围，将“政府违约”纳入政治风险的承保范围；同时降低了保险费率上限，有效减少了企业负担。截至2016年10月，中国信保已为7个中巴经济走廊能源合作项目提供保险支持，承保金额超过50亿美元。

3. 携手中国企业，展现中国信心

作为国家出口信用保险政策的执行者，中国信保积极引导企业利用国家信用资源，充分发挥政策性信用保险风险管理、支持融资、开拓市场、补偿损失的功能，与H、Z等一大批中国企业携手，不仅为“一带一路”沿线国家提供了中国技术和中国制造，更为沿线国家的合作伙伴提供了强大的“中国信用”，使中国与“一带一路”沿线国家实现更高水平的经贸合作，为世界经济发展注入“中国正能量”。

Y集团作为中国制造“走出去”的代表，将企业发展的目光投向了“一带一路”沿线国家。2014年以来，乌克兰、老挝等国出现风险异动，Y集团通过中国信保提供的风险保障服务，及时与买方达成了认债承诺与还款协议，为后续业务重启打下了基础。近年来，Y自主品牌汽车业务借

助政策性信用保险，先后成功拓展了俄罗斯、埃及、哈萨克斯坦、伊拉克等沿线国家市场，由此拉动了超过1亿美元出口业务并实现了安全收汇。

三、支持重点出口企业和小微企业发展

2016年，中国信保指导各营业机构对各级重点出口企业积极推广使用"理赔绿色通道"服务措施，将理赔服务资源向重点出口企业客户群体倾斜，不断提升客户满意度。同时，中国信保指导各营业机构对小微企业采用小额案件"快速理赔"服务机制，通过"简化流程、简化单证、简易勘查、快速理赔"操作模式，切实提升理赔追偿市场响应速度。

（一）大额理赔、重点企业理赔

中国信保被保险人A公司与委内瑞拉某买方B公司签署124票手机散件销售合同。因2014年以来原油价格高位下跌后始终低位徘徊。委内瑞拉国际收支入不敷出，美元头寸捉襟见肘。在此情况下，委内瑞拉买方B公司支付货款的速度越来越慢。A公司判断买方已出现实质性风险，立即停止后续出运，并向中国信保通报可能损失，并委托中国信保介入勘查追讨。

在接到委托后，中国信保第一时间委托在委内瑞拉的合作渠道与B公司取得联系。最初，买方并不配合，试图躲避欠款事实。随后，中国信保的专业法律渠道通过致电、电子邮件、律师函和会谈等多种方式向买方施压，要求其立即对债务金额进行确认，并提供还款计划。在中国信保的细致工作下，B公司最终全额承认本案项下债务金额，同时表示已加速向委内瑞拉央行提交付汇申请，现正等待委内瑞拉央行审批。

中国信保经审理后认为，本案贸易真实，致损原因为买方拖欠，属中国信保保险责任。核定损失金额后，中国信保按保单约定对被保险人的大部分损失进行了赔付，赔款金额 2513 万美元。与此同时，中国信保委托的海外渠道仍在密切跟进委内瑞拉买方的外汇申请进度，以帮助被保险人追回全部损失。

（二）农产品小微出口快速理赔

中国信保某农产品小微被保险人 A 公司同巴基斯坦买方 B 公司进行交易，于 2016 年 3 月出运 3 票货物，实际发票金额为 4.72 万美元，贸易双方约定支付方式为 CAD（CASH AGAINST DOCUMENTS）。货物到港后买方未付款，于是 A 公司向中国信保通报该情况。

中国信保向 B 公司发函调查追讨，B 公司称 A 公司存在迟出运、寄单延误问题。A 公司抗辩称出运均在 3 月份，符合贸易合同约定；根据贸易合同约定，并不影响买方付款提货。B 公司随后又要求货物降价 80%，A 公司经过同买方协商，综合考虑到市场价格下降、货物滞港费不断上升、生鲜农产品处理紧迫性等实际情况，最终以降价 60% 的方式向买方提供折扣。中国信保也本着最大程度减少损失的原则同意了 A 公司的申请。后 A 公司收到买方支付原货值 40% 的款项共计约 1.89 万美元。

此后，B 公司在收货后称货物存在腐烂问题，A 公司抗辩称货物为生鲜类产品，由于买方迟迟未付款提货导致货物滞港时间过长而出现腐烂情况（前 2 票货物到港时间为 4 月 20 日、第 3 票为 4 月 28 日，买方 5 月 21 日提货，从货物到港至买方最终提货相隔 1 个月）。中国信保就 A 公司上述抗辩向买方发函质询，并限期要求买方就其提出的被保险人迟出运、迟寄单等主张进行抗辩或补充证据，但买方始终拒绝回复。7 月 11 日，被保险人向中国信保申请索赔，索赔金额约2.83万美元。

中国信保经审理后认为，由于货物市场行情下降，买方违反贸易合同的价格约定提出降价要求，又提出迟出运、迟寄单、货物腐烂等问题，但上述问题A公司以合理理由抗辩后，买方拒绝回复。中国信保对买方主张不予采信，认为买方存在较为明显的信用问题，最终于8月2日向A公司赔付约2.27万美元。本案例中，自被保险人索赔申请至赔付仅用20余天，中国信保高效率的理赔服务有效保障了该小微出口企业的海外应收账款权益，得到了企业的高度评价。

（三）化工品小微出口赔付

2016年5月深圳A公司与印度B公司签订销售合同，印度买方B公司确定向出口方A公司采购1个20尺小柜/16.8吨的三元乙丙橡胶，约定TT付款方式（30%定金，70%尾款应在收到BL COPY后3天内安排）。出运后，出口方单证于7月14日通过电子邮件的方式提醒买方公司准备付款，先后发送了几十封邮件、短信及拨打多次电话催促该公司支付尾款。一开始，出口方向买方发送BL COPY，买方收到后表示会尽快安排尾款，但出口方一直未收到。后来买方以货还没到港，印度的银行不能接受尾款安排为由推迟支付。出口方在货到港后催促买方及时安排，然而买方仍然一拖再拖，随后告知已经付款，出口方从买方处取得汇款底单，但是跟中方银行确认多次仍未收到买方货款。出口方与买方多次提出核对要求，但买方以钱在中转行、中转行系统被黑导致钱没汇出去、中转行不愿放款等诸多借口搪塞。买方随后表示如果到8月30日出口方还未能收到尾款就同意放弃货物由出口方安排转卖。买方公司到期未付拖欠的货款是1.67万美元。中国信保于9月6日受理出口方索赔，并于11月初向A公司支付 1.09 万美元赔款。

(四) 电子信息行业小微出口

深圳 A 公司 2009 年与香港 B 公司建立业务往来，鉴于 B 公司资信状况一直良好，为进一步拓展业务，A 公司接受 B 公司 TT 90 天结算方式操作。长期以来 A 公司与 B 公司合作正常，B 公司对账付款都很准时。

A 公司 2016 年 6 月 18 日突然接到 B 公司厦门加工厂某经理电话通知，表明 B 公司无法继续经营下去，将解散处理。A 公司得到消息后派员于第二天凌晨 3 点赶到 B 公司厦门工厂。当时 B 公司厦门工厂情况比较混乱，厦门湖里区政府已介入调查，A 公司随后在政府的债权登记记录册上登记了债权情况。6 月 20 日 A 公司第一时间安排去 B 公司香港办公处了解情况，B 公司办公地址已关门。截至 6 月 22 日，B 公司共欠 A 公司货款 40.1 万港元。

因 B 公司突然通知无法继续经营，且办公场所已关闭，无对接人员，所欠 A 公司货款无法追讨。A 公司于 6 月向中国信保索赔。中国信保经过勘查后，于 8 月初向 A 公司支付 3.62 万美元赔款。

四、支持企业融资

近年来，因各种原因，企业在发展中国家的经营活动面临的风险普遍较高，各银行提供贷款的意愿也相对较低，贷款成本居高不下。中国信保的介入，主动承担了银行的收汇风险，从而增强了银行提供贷款的信心和意愿，外方获得贷款的融资条件也得以优化。

2016 年，在北京市商务委员会的主导下，中国信保与首创担保、宁波银行北京分行共同开发了“政保贷”融资平台。“政保贷”是集出口信用保险、政府担保资金（北京市外经贸担保服务平台）、银行等信、保、贷金融资源为一体的北京市中小企业出口金融服务平台。旨在通过简化评估手续、优化审批流程、提高企业资信、扩大贷款额度，缓解“融资难、融资贵”问题，帮助中小外贸企业扩大出口，促进北京外贸稳增长、调结构。

“政保贷”将担保与信用保险有机结合，首先由中国信保为出口企业的海外应收账款提供保险，出口企业以海外应收账款向银行质押融资，政府支持担保公司为出口企业该融资向银行提供担保。平台项下融资无需出口企业任何抵押，由于有担保公司担保，降低了融资门槛，提升了融资额度，同时多方合作还降低了收费，简化了手续，具有融资成本低、放款效率高的优势。

第六章

良好的社会评价

中国信保积极发挥政策性职能，主动服务我国对外经济贸易发展，取得一系列成果，得到社会各界的持续广泛关注和积极评价，主要中央媒体对中国信保的业务成就进行了广泛而深入的报道。其中，《人民日报》报道中国信保新闻6次，新华社报道25次，中央电视台报道12次。综合来看，2016年各类新闻媒体对中国信保的报道超过11万条，覆盖了传统纸媒、电媒和网媒，中国信保还获得中国保险行业协会颁发的“最佳传播奖”。

媒体报道原文节选

《人民日报》：中国信保承保超2.8万亿美元

作为我国唯一的政策性信用保险机构，中国出口信用保险公司2001年底成立至今，累计承保规模超过2.8万亿美元，服务客户9万余家，支持企业获得银行融资超过2.6万亿元。目前，我国每100美元出口就有25美元左右是在中国信保的直接或间接拉动下实现的。

图 1　部分媒体报道情况

中央电视台《新闻联播》：我国首份全球主权信用评级发布

中国出口信用保险公司今天发布我国首份全球主权信用风险评级，为中国企业“走出去”提供国别风险参考提示。

《经济日报》：出口信用保险助催外贸转型

初冬，总部设在成都的我国最大陆地石油钻机设备出口民营企业——宏华集团的大厦内依然是一派紧张繁忙的工作状态，按照集团的判断，国际油价将趋于平稳，而且明年上半年会有一个明显回升。

“欧佩克限产协议将对油价起到比较大的稳定作用。今年 8 月以后，我们明显感到市场需求开始回暖。石油天然气是一种刚需，从勘探、钻井，到开采出原油是一个连续的投资过程，现在不投或减少投资，等于欠账。当油价到一定低位稳定后，想抄底的投资者就会追加投资。我们预计 2017 年上半年会出现一个较大的市场需求。”宏华集团旗下子公司四川宏华国际科贸有限公司总经理周兵说。

显然，宏华集团已经做好了趁油价稳定回升后，到国际市场上搏杀一番的准备了。其实油价回升，只是宏华集团信心满满的一个方面，而另一方面，是因为有中国出口信用保险公司（以下简称“中国信保”）为他们提供的强大的风险管理和及时的融资帮助，使他们在国际市场上少有后顾之忧。

损失理赔及时到位

说起中国信保的风险管理，宏华集团的管理层颇有感触。“中国信保对我们的帮助很大，我们从不信任到建立双方战略合作关系是有一个过程的。最重要的是他们帮助我们建立起了一套较完备的风控体系，这使宏华能够在 2008 ~ 2014 年间的两次油价暴跌中平安渡过。”周兵说。

时间回到 2014 年，宏华在当年的 2 ~ 7 月，向印度尼西亚买方 D 陆续出运了几批货物，合同金额约 2700 万美元，支付方式为“预付款 + 余款延期支付”，宏华同时向中国信保提出了投保申请。

天有不测风云，买方收货后因为受石油市场下跌的影响，仅支付出了部分货款，余款发生拖欠。宏华集团 2015 年 7 月开始陆续向中国信保报损，报损金额高达 1700 万美元。中国信保接案后，第一时间成立了总公司和四川分公司联动的重案小组，指导被保险人积极与买方进行协商，同时充分调动各层面追偿渠道资源，采取多样化追偿手段向买方施压，协助宏华进行债权确立。比如利用买方来华的契机，从后续合作和限额需求环节寻求谈判筹码，促成买方还款计划的签署。接着中国信保的海外渠道和驻外工作组双管齐下，联合向买方施压，督促买方履行还款计划。同时中国信保还紧盯还款计划执行力度，根据买方实际情况果断调整追偿策略。经过多方努力，中国信保根据保单约定及商务合同进度，分批次及时进行了保险理赔，有效分担了被保险人的风险损失。2015 年 9 月至 2016 年 9 月，中国信保已累计向宏华赔付约 1150 万美元，目前理赔工作还在继续进行。

其实不止宏华集团一家，包括东方电气集团、比亚迪、创维集团等，都有在海外市场受损而得到中国信保及时理赔的经历。在采访中，记者最深切的感受是，这些重要的外贸企业已经将出口信用保险看成是他们在国际市场拼杀不可或缺的风险防范工具，有了信用保险这张“护身符”，中国企业在海外市场的竞争中无疑更有底气和力量。

记者在被称为“国之重器”的东方电气集团采访时就听到了这样的总结。“中国信保对中国企业‘走出去’的贡献至少有三点，”国际合作公司副总经理胡卫东说，“第一，通过利用出口信用保险，中国企业的产品能够走出去，不断扩大市场占有率，获得不错的收益；第二，出口信用保险真正推动了外贸产品结构调整和质量升级；第三，因为有了出口信用保险，我们能够按照国家的宏观战略，推动一些有自主知识产权的自主品牌走出去，并由此让中国标准获得市场认可。比如，巴基斯坦的铁路以前从来没有买过中国产品，我们在中国信保支持下成功出口巴基斯坦 1300 辆铁路货车后，巴方完全接受了中国产品，包括技术和标准，真正实现了从产品输出到技术输出的战略转移，这都与中国信保的支持分不开。”

数据显示，今年中国信保进一步扩大了出口信用保险覆盖面，仅 1 ~ 11 月，中国信保实现承保金额 4018. 8 亿美元。其中，中长期出口信用保险新增承保金额 85. 4 亿美元，海外投资保险承保金额 326. 2 亿美元，短期出口信用保险承保金额 3321. 8 亿美元，向外贸企业支付赔款 9. 8 亿美元。

推动外贸企业创新转型

最近，商务部在其发布的《中国对外贸易形势报告（2016 年秋季）》（以下简称《报告》）中分析称，外贸新优势正在加快培育。中国外贸企业自主开拓国际市场能力进一步增强。“一带一路”带动装备制造业出口不断增长，出口产品技术含量、附加值不断提高。《报告》还特别谈到民营企业加快转型升级步伐，以技术、品牌、质量、服务为核心的外贸竞争新优势正在形成。跨境电商、市场采购贸易、外贸综合服务企业等外贸新业态保持快速增长。而这期间，中国信保的保障作用不可小视。

通过采访，记者发现，在中国信保支持的很多外向型企业中，创新的出口项目都得到了中国信保的重点支持。在我国重要的新能源汽车出口企业——比亚迪，负责海外太阳能电池销售的海外光伏事业部总经理赵彤说："比亚迪的产品从储能电池开发，到储能系统，再到新能源汽车和云轨，高科技的发展一脉相承，而这个过程中我们得到了中国信保的持续支持。目前出口额不断增加，储能设备在全球占到了23%的市场份额。"

而创维集团海外区域营销总部品牌业务部总监万智的感受是："电视机已经从耐用消费品变成一种流行消费品，并开始与手机的功能融合，因此创新是必需的，这更需要中国信保的支持。"据了解，创维集团今年上半年在海外的销售量已经超过了国内市场规模，目前创维集团与中国信保开始着手建立双方数据新交换，以便承保和理赔更加高效率。

除了加大力度承保外向型企业具有自主知识产权、自主品牌的创新项目外，中国信保还加大了对"一带一路"以及新兴市场出口的开拓支持。无论是东方电气进入的中非、拉美地区，还是创维集团将专卖店开进的东南亚，抑或是宏华集团大显身手的"一带一路"，哪一个市场都少不了中国信保的支持。实际上，近年来中国信保的新兴市场业务占比始终保持在较高水平，2015 年的占比是 69. 65% ，而 2014 年的同一数据为 57. 06% ；同时，对新兴市场的渗透率也从 2014 年的 18. 42% 跃升至 2015 年的 24. 95% 。其对外贸转型升级的支持力度可见一斑。

创新模式满足需求

中国信保自 2001 年 12 月揭牌运营以来，保险事业实现了跨越式发展，承保规模已经从2002年的27.5亿美元增加到2015年的4715.1亿美元，年均增速高达48.5%，业务范围覆盖全球200多个国家和地区，为数万家企业提供了出口信用保险服务，为数千个中长期和海外投资项目提供保险支持，对促进我国外经贸发展发挥了不可替代的作用。但必须看到的是，随着全球经济的发展变化和外贸企业对出口信用保险工具的使用，市场对出口信用保险的要求已经越来越高。

在深圳龙岗区，中国信保深圳分公司首次为地方政府提供个性化的信息定制服务——结合龙岗区外贸出口的重点国别和地区作分析报告，区政府要求要具有前瞻性和地方特色，为企业开拓国际市场提供决策参考，把国家政策性资源和中国信保核心承保技术变成服务龙岗区外经贸发展的开放性资源，中国信保与政府部门的合作逐步深化。

在东方电气集团，中国信保合作长达15年的东方电气国际合作公司副总会计师黄艳如是说："现在海外承包工程，项目融资是一个特别大的问题，我们看到中国信保正在创新性地采取更多模式来帮助企业设计融资和保险解决方案，期待这些解决方案使我国工程承包企业在国际市场的竞争力得到进一步提升。"

而中国信保方面则表示2017年将继续用心探索创新，不断增强内生动力，主动倾听外经贸一线经营者和管理者的诉求，创新定制更多更好的个性化信用保险产品和服务，在新形势下，提供更精准、更细分化的服务保障。

新华网：铁肩担当　五洲护航——记我国政策性信用保险机构成立十五周年

2001年12月18日，在中国正式加入世界贸易组织7天之后，经国务院批准，中国出口信用保险公司（以下简称“中国信保”）正式挂牌运营。作为我国唯一的政策性信用保险机构，15 年来，中国信保一路陪伴中国企业征战海外市场，从初出国门到建立国际营销网络，从贴牌生产到标准输出，从商品出口到装备制造“走出去”，目前，我国每 100 美元出口就有 25 美元左右是在中国信保的直接或间接拉动下实现的。

在入世 15 年中，经济全球化曲折发展，地缘政治关系复杂变化。中国信保肩负服务国家战略和开放型经济发展的光荣使命，积极为中国企业的货物、技术和服务出口以及大型成套设备出口、海外工程承包和海外投资提供全面风险保障，在维护国家经济安全、促进经济增长和就业方面发挥了不可替代的作用。2001 年底成立至今，中国信保累计承保规模超过 2.8 万亿美元，累计服务客户 9 万余家，向客户支付赔款 92 亿美元，赔付案件 3 万余起，合作银行 200 多家，支持企业获得银行融资超过 2.6 万亿元。2010 年以来，中国信保保险规模及主要险种规模已连续 6 年排名全球官方出口信用机构第一位。

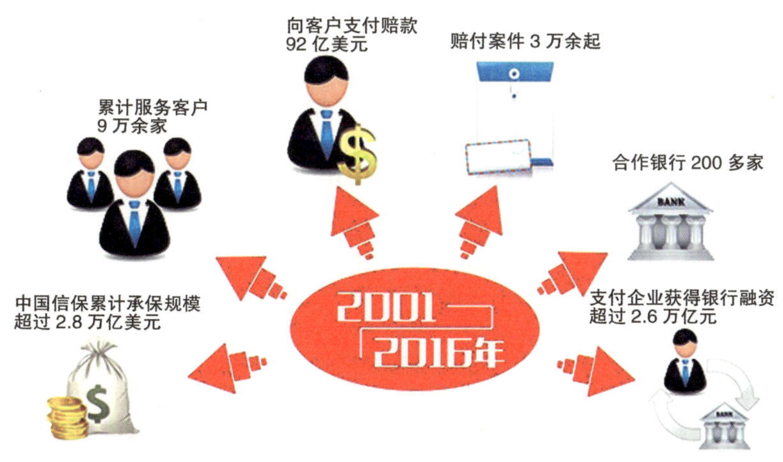

图 2　2001～2016 年政策性作用发挥情况

打造为“走出去”企业护航的“国家级舰队”——建立中国特色的出口信用保险机制

出口信用保险是国际通行且符合世界贸易组织规则的贸易促进措施。我国加入世界贸易组织后，组建了中国信保，加大对外经贸发展和“走出去”战略的支持。出口信用保险与一般财产保险不同，其承保的业务风险主要在国外，涉及国际贸易、国际投资中的政治风险和商业风险，既有海外买家和银行的信用风险，又有国外政府的主权信用风险以及战争、征收、汇兑限制等政治风险。

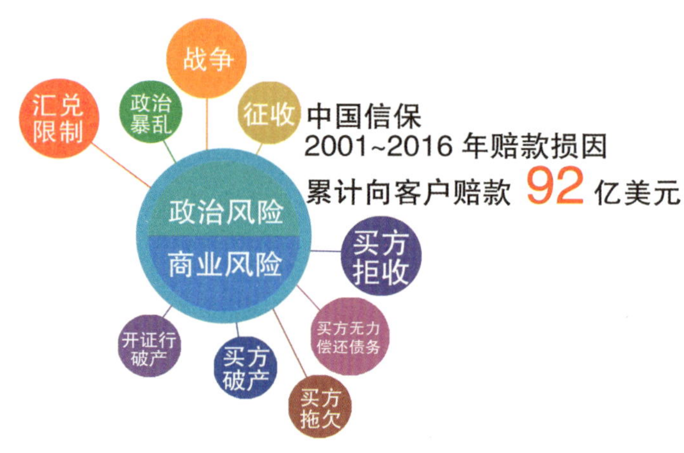

图 3　2001～2016 年赔款损因情况

在党中央、国务院的领导下，在有关部委、地方政府的支持下，中国信保实现了持续快速发展。政策性信用保险服务支持外经贸发展的作用逐步展现，特别是在经济下行、风险上升的困难时期，更加凸显出政策性保险在稳定经济增长、保障社会就业以及促进国际收支平衡等方面的独特贡献。

2001～2008 年，我国加入世界贸易组织后的 7 年间，经济全球化使我国与世界经济深度融合。按照国际惯例，使用国际通行的贸易促进手段，提高中国商品的国际竞争力，防范国际市场风险，成为我国政府和外贸企业的共同愿望。国家逐步建立了适应我国国情的出口信用保险机制。在政策性信用保险机构的初建阶段，中国信保的年承保规模从最初的27.5亿美元增长到627.5亿美元。

2009年以来，为应对国际金融危机对我国经济的冲击，国务院多次将出口信用保险作为稳定外贸增长的重要举措。中国信保对大型成套设备出口融资应保尽保，积极扩大短期出口信用保险承保规模，给数万家出口企业带去信心，有效缓解了企业“有单不敢接，有单无力接”的难题。2009年当年，中国信保承保规模首次突破1000亿美元大关，至2012年，4年里共实现承保金额9127.6亿美元，是公司成立前7年（2002~2008年）累计承保金额的5.2倍。

2013年以来，中国信保全面贯彻落实党的十八大精神，积极推进发展转型，承保能力、偿付能力和可持续发展能力显著提升，政策性作用进一步增强。2015年，短期出口信用保险、中长期出口信用保险和海外投资保险的年承保金额，分别跨上3600亿美元、200亿美元和400亿美元台阶。2013年至2016年11月，中国信保总承保规模达17159.3亿美元，是上一个4年（2009~2012年）的1.9倍，是公司成立前7年的9.8倍。

纵观15年的发展历程，国家战略指向哪里，中国信保的支持就落到哪里。服务“一带一路”建设、促进外贸回稳向好，这些关乎开放型经济建设的重大国家战略背后，都有中国信保的身影。传统优势行业、辐射带动力强的战略产业、自主品牌、自主知识产权企业出口，都是中国信保的支持重点。截至2016年11月，中国信保累计承保金额达到28036.1亿美元；其中，支持面向新兴市场的出口10645.9亿美元；对“一带一路”沿线国家承保达3834亿美元，承保了中亚天然气管道、俄罗斯车里雅宾斯克钢厂万能轧机改造、帕普铁路库拉米电气化铁路隧道等一大批示范性项目；支持海外工程承包和大型成套设备出口 1331.5 亿美元，支持企业海外投资 2109.5 亿美元；承保领域覆盖铁路、电力、电信、矿产、轨道交通、信息产业等，增强了我国与世界各国的经贸往来。

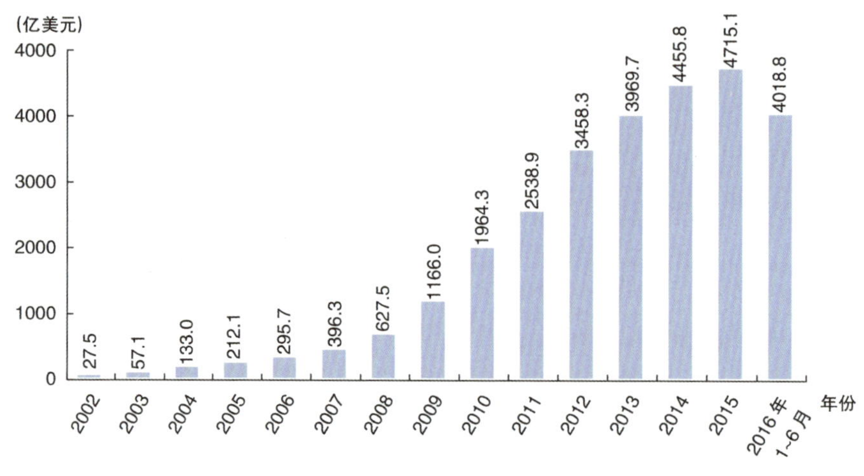

图 4　2002～2016 年（1～11 月）中国信保历年承保金额

从“护卫舰”到“巡洋舰”的蜕变——支持外经贸发展作用凸显

通过引导企业利用国家信用资源，把“走出去”企业培育成为具有国际竞争力的市场主体，这是中国信保作为国家政策性信用保险机构的职责和使命。

中国信保与近百家大型知名企业建立了战略合作关系，培育 AAA、AA 级客户 3800 余家，为他们提供个性化承保方案，帮助企业提高国际竞争力，支持企业“走出去”，打造中国品牌，维护国家经济命脉安全。

在业内一向以稳健经营闻名的美的集团，与中国信保合作了 15 个年头，双方建立全面战略合作伙伴关系也已长达 10 年之久。截至目前，美的集团全部的出口业务、21 个海外机构的销售均投保了政策性信用保险。中国信保对美的集团累计承保金额已突破 300 亿美元，帮助美的集团获得银行融资超过50亿美元。中国信保通过海外应收账款债权保障、海外投资风险防范以及保险项下融资等服务，全方位支持美的集团打造自主品牌和国际营销网络，美的集团在中国信保协助下建立了完善的信用风险管理制度，从而更有效地整合其产品、制造、客户等内外资源，形成“产品力”与“资本力”相融合的特殊优势。

从成立之初只有3个产品到现在拥有40多项产品服务，从提供保单融资到为客户量身定制复杂的结构化融资模式，从事后控制风险到构建全流程风险管理体系，从线下服务客户到建立与客户无缝对接的“信保通”网上服务平台，中国信保为了全面满足“走出去”的信用管理需求，不断提升自身的专业能力。中国信保还依托独有的国别风险研究中心和资信评估中心，搭建了全面覆盖国别、行业、企业和银行的风险评估体系；建立了覆盖全球700余万家企业的资信数据库、覆盖200多个国家和地区的资信渠道和追偿渠道；连续12年发布了《国家风险分析报告》，从中国视角和中国利益出发评价全球国家风险。

15年的用心探索与创新，从中国信保对中小微企业的支持中可见一斑。最初，用来服务中小企业的是传统的短期出口信用保险；2005年，中国信保推出中小企业综合保险，并在上海尝试建立了首个中小企业集约投保平台；2007年，推出义乌中国小商品城贸易信用保险；2010年，推出“中小企业信用保险E计划”，尝试中小企业网上投保；2012年，推出“小微企业信保易”，全面实现小微企业网上投保。多次产品创新之后，中小微企业投保已实现零门槛。2016年，中国信保服务支持小微企业达4.5万家，对小微出口企业的覆盖率达到18.8%。

如果说成立之初的中国信保是功能单一的“护卫舰”，只能依靠中长期出口信用保险、海外投资保险和短期出口信用保险等产品的单打独斗为

"走出去"企业护航；那么如今的中国信保，已经成长为全面具备远航和攻防能力的"巡洋舰"，能够利用多险种和服务的联动，为企业制定个性化的承保方案以及全面的风险解决方案。

打造护卫开放型经济的"航空母舰"——迈向国际一流的专业信用保险机构

第三方机构的有关调查结果显示，2016年度中国信保客户整体满意度为94%，得到客户广泛认可。信用保险在降低和控制风险、出险后赔付补偿、便利融资等方面的作用充分发挥，同时促进了客户的业务增长，有26.6%的客户出口规模增长在20%~50%之间；17.5%的客户出口规模增长超过50%，部分客户甚至翻倍。

15年来，中国信保积极响应企业需求、不断提升服务水平。这其中的动力，来自中国信保"国家利益高于一切、国家任务重于泰山"的大局意识以及"履行政策性职能，服务开放型经济"的企业使命。"作为国家政策性机构，就是要把服务国家战略作为公司发展的出发点和落脚点，要把创新驱动、勇于担当作为公司发展的强大动力。"中国信保董事长、党委书记王毅表示。

党的十八大以来，我国全方位对外开放新格局逐步形成。为更好地支持企业参与境外基础设施建设和产能合作，推动我国铁路、电力等中国装备走向世界，中国信保提出了"为走出去企业打造高端海外融资保险平台"的新思路，主动跨出国门，通过加强与外国政府部门、银行、企业等机构的合作，从单纯的"保项目"向帮助企业"找项目"和"落实项目"迈出一大步。中国信保正着力打造具备"立体作战"能力，能够为"走出去"企业提供在全球供应链中的系列服务的"航空母舰"。

2013年以来，中国信保着眼多双边和区域次区域合作大局，先后与巴基斯坦水电部等 12 个外国政府部门、巴西银行等 14 家国际金融机构、南非交通运输集团等 2 家跨国企业集团签署了整体合作协议或合作备忘录。目前，在与安哥拉财政部的合作框架下，中国信保已承保项目 15 个，涉及电力、房建、水务、农业等多个领域，涉及承保金额 50.4 亿美元；在与巴基斯坦水电部合作框架下，承保中巴经济走廊能源合作项目 7 个，承保金额 53.6 亿美元；与埃及电力部框架中，创新应用与中国进出口银行、国家开发银行及中国工商银行形成的“三行一保”合作模式，有力支持了中埃产能合作进展，6 个月的时间内锁定了 5 个项目的融资保险条件，总合同金额超过 80 亿美元。

经过 15 年的发展，中国信保的承保业务已经覆盖全球 227 个国家和地区，资产规模增长 4607 倍。从成立之初的参考国际同业经验，到现在成为全球领先的出口信用机构，中国信保在业务规模、经营管理、模式创新以及服务小微企业等诸多方面，已经由“跟跑者”“并行者”向“领跑者”转变。

天若有情天亦老，人间正道是沧桑。15 年来，中国信保坚守“政策性”航线，以国家信用为基础，为中国制造、中国品牌、中国技术和中国标准走向世界保驾护航，助力中国企业越走越稳，越走越远。今天的中国信保，已经瞄准“国际一流的专业信用保险机构”新目标，不断提升服务国家战略的能力，护卫中国企业扬帆远航。

第三部分

中国出口信用保险公司政策性职能履行评估报告（2015年度）

第一章

2015 年度我国宏观经济及外贸形势回顾

2015 年，面对错综复杂的国内外经济形势和严峻挑战，中国政府坚持稳中求进工作总基调，坚持稳增长、调结构、惠民生、防风险，主动适应和引领新常态，不断创新宏观调控方式，深入推进结构性改革，扎实推动“大众创业、万众创新”，经济保持了总体平稳、稳中有进、稳中有好的发展态势。经济运行保持在合理区间，结构调整成效显著，转型升级步伐加快，民生事业持续进步，实现了“十二五”圆满收官。

一、2015 年度我国宏观经济形势及运行特点

2015 年，中国经济运行保持在合理区间，结构优化取得积极进展。全年国内生产总值 676708 亿元，增长 6.9%，在世界主要经济体中位居前列。分季度看，一季度增长 7.0%，二季度增长 7.0%，三季度增长 6.9%，四季度增长 6.8%。分产业看，第一产业增加值 60863 亿元，增长 3.9%；第二产业增加值 274278 亿元，增长 6.0%；第三产业增加值 341567 亿元，增长 8.3%，在国内生产总值中的比重首次超过 50%，达

50.5%，比 2014 年提高 2.4 个百分点，高于第二产业 10 个百分点。节能降耗取得新成效，单位国内生产总值能耗下降 5.6%。

（一）农业经济持续向好

中国政府加大“三农”政策支持力度，促进农业综合生产能力不断提升。全年粮食总产量 62143 万吨，比 2014 年增加 1441 万吨，增长 2.4%，实现历史性的“十二连增”。其中，夏粮产量 14112 万吨，增长 3.3%；早稻产量 3369 万吨，下降 0.9%；秋粮产量 44662 万吨，增长 2.3%。谷物产量 57225 万吨，比 2014 年增长 2.7%。棉花产量 561 万吨，比 2014 年下降 9.3%。全年猪牛羊禽肉产量 8454 万吨，比 2014 年下降 1.0%，其中猪肉产量 5487 万吨，下降 3.3%；禽蛋产量 2999 万吨，增长 3.6%；牛奶产量 3755 万吨，增长 0.8%。

（二）工业转型升级成效明显

工业结构调整加快，转型升级成效明显。规模以上工业增加值按可比价格计算比 2014 年增长 6.1%。分经济类型看，国有控股企业增加值比 2014 年增长 1.4%，集体企业增长 1.2%，股份制企业增长 7.3%，外商及我国港澳台商投资企业增长 3.7%。分三大门类看，采矿业增加值比 2014 年增长 2.7%，制造业增长 7.0%，电力、热力、燃气及水生产和供应业增长 1.4%。新兴产业快速增长，高技术产业增加值比 2014 年增长 10.2%，比规模以上工业快 4.1 个百分点，占规模以上工业比重为 11.8%，比 2014 年提高 1.2 个百分点。其中航空、航天器及设备制造业增长 26.2%，电子及通信设备制造业增长 12.7%，信息化学品制造业增长 10.6%，医药制造业增长 9.9%。全年规模以上工业企业产销率达到 97.6%。受市场需求不足、产品价格下降、成本费用上升及企业流动资金紧张制约生产经营等因素影响，全年规模以上工业企业利润总额比2014年下降2.3%。采矿和原材料行业利润下降明显，符合转型升级方向的行业利润则保持较快增长，其中高技术制造业利润比2014年增长8.9%，装备制造业增长4%，消费品制造业增长7%。

（三）固定资产投资增速有所回落

全年固定资产投资（不含农户）551590亿元，比2014年增长10%，扣除价格因素实际增长12%，实际增速比2014年回落2.9个百分点。其中，国有控股投资178933亿元，增长10.9%，民间投资354007亿元，增长10.1%，占全部投资的比重为64.2%，比2014年增加0.1个百分点。分地区看，东部地区投资228747亿元，比2014年增长12.7%；中部地区增长15.7%，快于东部地区3个百分点；西部地区增长9%。分产业看，产业结构持续优化，第一产业投资15561亿元，比2014年增长31.8%；第二产业投资224090亿元，增长8%；第三产业投资311939亿元，增长10.6%，比第二产业增速快2.6个百分点。着力推进重大项目建设落实，基础设施投资增长17.2%。扎实推进保障性安居工程建设，城镇保障性安居工程住房基本建成772万套，棚户区住房改造开工601万套，农村危房改造432万户。

（四）市场销售增势良好

国内消费市场运行平稳，全年社会消费品零售总额300931亿元，较2014年增长10.7%，扣除价格因素实际增长10.6%。商务部重点监测企业全年销售额增长4.5%。消费对经济增长的拉动作用持续增强，全年对国民经济增长的贡献率达到66.4%，较2014年提升14.8个百分点。按经营地分，城镇消费品零售额258999亿元，比2014年增长10.5%，乡村消费品零售额41932亿元，增长11.8%。按消费形态分，餐饮收入32310亿元，增长11.7%，商品零售268621亿元，增长10.6%，其中限额以上单位商品零售133891亿元，增长7.9%。消费结构持续升级带动智能绿色产品销售强劲，全年新能源汽车销量增长3.4倍，限额以上单位通讯器材、家电销售分别增长29.3%及11.4%。商务部重点监测企业4G手机销量增长75.9%。新兴业态快速发展，电子商务及网络零售迅猛增长，全年全国网上零售额38773亿元，比2014年增长33.3%。其中，实物商品网上零售额32424亿元，增长31.6%，占社会消费品零售总额的比重为10.8%。商务部重点监测零售企业中，网络零售额增长11.8%，增速比超市、百货店和专业店分别高出5个、8.4个和11.5个百分点。

（五）进出口有所下降，双向投资较快发展

受外需低迷、国内要素成本上升、大宗商品价格大幅下降等因素影响，全年外贸进出口总额3.96万亿美元，下降8%。其中，出口2.27万亿美元，下降2.9%；进口1.68万亿美元，下降14.2%。出口占全球出口总额的13.8%，比2014年提高1.4个百分点。吸收外资再创新高，全年实际使用外资1262.7亿美元，增长5.6%，增幅较2014年高出3.9个百分点。外资结构持续优化，服务业实际使用外资771.8亿美元，增长16.5%；占外资总额比重达到61.1%，较2014年提高5.7个百分点，高出制造业29.7个百分点。高技术制造业实际使用外资94.1亿美元，增长9.5%，占制造业实际使用外资总额的23.8%。全年中国境内非金融类投资者共对全球155个国家和地区的6532家境外企业进行了直接投资，累计实现投资1180.2亿美元，增长14.7%。其中对“一带一路”相关的49个国家和地区直接投资148.2亿美元，增长18.2%，占对外投资总额的

12.6%。对外承包工程完成营业额1540.7亿美元，增长8.2%。对外合作派出各类劳务人员53万人，较2014年同期减少3.2万人，同比下降5.7%。

（六）居民消费价格温和上涨

全年居民消费价格总水平同比上涨1.4%，涨幅较2014年回落0.6个百分点，其中城市上涨1.5%，农村上涨1.3%，分别回落0.6个和0.5个百分点。分类别看，食品价格比2014年上涨2.3%，烟酒及用品上涨2.1%，衣着上涨2.7%，家庭设备用品及维修服务上涨1.0%，医疗保健和个人用品上涨2.0%，娱乐教育文化用品及服务上涨1.4%，居住上涨0.7%，交通和通信则下降1.7%。全年工业生产者出厂价格比2014年下降5.2%，工业生产者购进价格比2014年下降6.1%。

（七）居民收入和就业持续增长

人民生活进一步改善，收入水平持续提高。全国居民人均可支配收入21966元，实际增长7.4%，继续快于经济增速。其中，城镇居民人均可支配收入31195元，实际增长6.6%；农村居民人均可支配收入实际增长7.5%，较城镇居民高出0.9个百分点，增速连续6年快于城镇。年末全国就业人员77451万人，较2014年末增加198万人，其中城镇就业人员40410万人，较2014年末增加1100万人。城镇新增就业1312万人，超过全年预期目标，成为经济发展一大亮点。全年农民工总量27747万人，比2014年增加352万人，增长1.3%，农民工月均收入水平3072元，比2014年增长7.2%。

（八）财政金融总体平稳

受经济增速放缓和国家减税降费等因素影响，财政收入增长减速。同时，国家加大对社会保障、教育医疗等重点领域支出力度，财政支出增长较快。全年一般公共预算收入同口径增长 5.8%，比 2014 年回落 2.8 个百分点；支出增长 13.2%，比 2014 年提高 5 个百分点。货币信贷平稳增长，年末，广义货币（M2）余额 139.23 万亿元，比 2014 年末增长 13.3%；狭义货币（M1）余额 40.10 万亿元，增长 15.2%；流通中货币（M0）余额 6.32 万亿元，增长 4.9%。12 月末，人民币贷款余额 93.95 万亿元，人民币存款余额 135.70 万亿元；全年新增人民币贷款 11.72 万亿元，比 2014 年多增 1.81 万亿元，新增人民币存款 14.97 万亿元，比 2014 年多增 1.94 万亿元。全年社会融资规模增量为 15.41 万亿元，比 2014 年减少 1.05 万亿元。

二、2015 年度我国外贸形势回顾

2015 年，在国际市场不景气、世界贸易深度下滑的背景下，中国货物贸易进出口和出口额稳居世界第一，国际市场份额进一步扩大，贸易结构持续优化，质量效益继续提高，成绩来之不易。2015 年，中国货物贸易进出口总值 24.55 万亿元，比 2014 年下降 7.0%。其中，出口 14.12 万亿元，下降 1.9%；进口 10.44 万亿元，下降 13.1%；贸易顺差 3.68 万亿元，扩大 56.4%。

（一）国际市场份额继续扩大

2015 年，受全球贸易额大幅下降等因素影响，中国出口震荡下滑。但从国际比较看，中国出口情况仍好于其他主要经济体，出口占国际市场份额升至 13.8%，比 2014 年提高 1.5 个百分点，是改革开放以来提高最快

的一年。由于国内工业生产和固定资产投资增速下滑，加上国际市场大宗商品价格下跌拖累，2015 年中国进口额下降较多。

（二）商品结构进一步优化

中国出口商品的附加值有所提高，出口制造业在产业链的位置逐渐上升。2015 年，中国机电产品出口 1.31 万亿美元，与 2014 年持平，好于总体出口，占总出口额的 57.6%，比 2014 年提高 1.6 个百分点。其中，手机、船舶出口分别增长 8.5% 和 13.3%。纺织品、服装、箱包、鞋类、玩具、家具、塑料制品等 7 大类劳动密集型产品出口 4718 亿美元，同比下降 2.7%，占总出口额的比重为 20.8%。

在进口额大幅下降的背景下，中国先进设备、关键零部件进口基本稳定。2015 年中国高新技术产品进口额同比基本持平，占进口总额的 32.6%，较 2014 年扩大 4.5 个百分点。2015 年，中国部分大宗商品进口量保持增长。其中，进口铁矿砂 9.53 亿吨，增长 2.2%；进口原油 3.36 亿吨，增长 8.8%。由于大宗商品进口价格下降较多，2015 年中国贸易条件指数为 112.1，表明中国出口一定数量的商品可以多换回 12.1% 的进口商品，贸易条件进一步改善。

（三）新型商业模式成为外贸发展的新热点

2015 年，中国一般贸易出口 12157 亿美元，增长 1.0%，占出口总额的 53.4%，比 2014 年提高 2.1 个百分点；加工贸易出口 7977.9 亿美元，下降 9.8%，占出口总额的 35.1%，比 2014 年下降 2.7 个百分点。跨境电子商务、市场采购贸易等新型商业模式发展迅速，逐步成为外贸发展的新热点。2015 年，跨境电子商务增长 30% 以上，市场采购贸易方式出口增长 60% 左右。

（四）民营企业成为出口的主力军

民营企业经营机制灵活，适应环境能力强，在严峻复杂的形势下仍实现出口正增长，在中国外贸中的地位和作用进一步提升。2015 年，中国民营企业出口 1.03 万亿美元，增长 1.8%，比上年提高 2.1 个百分点，占出口总额的比重为 45.2%，占比第一次超过外资企业。外资企业出口 1 万亿美元，同比下降 6.5%，占出口总额的比重为 44.2%。国有企业出口 2424 亿美元，同比下降 5.5%，占出口总额的比重为 10.6%。

（五）市场多元化成效显著

2015 年，欧盟、美国、东盟为中国前三大贸易伙伴，双边贸易额分别为 5647.5 亿美元、5582.8 亿美元和 4721.6 亿美元。中国对美国出口增长 3.4%，对欧盟、日本、我国香港地区出口分别下降 4.0%、9.2% 和 8.9%。中国对部分新兴经济体出口增长较快，其中对印度、泰国、越南出口分别增长 7.4%、11.6% 和 3.9%。

（六）服务贸易占整体外贸的比重进一步提高

2015 年，中国服务进出口总额 7130 亿美元，增长 14.6%，增速较 2014 年提高 2 个百分点。其中，服务出口 2881.9 亿美元，增长 9.2%；服务进口 4248.1 亿美元，增长 18.6%；服务贸易逆差为 1366.2 亿美元。2015 年，中国服务贸易占对外贸易总额（货物和服务进出口之和）的比重达 15.3%，比 2014 年提高 3 个百分点。

第二章

2015 年度及“十二五”期间
中国信保经营情况

2015 年，面对严峻复杂的外经贸形势和艰巨繁重的改革发展任务，中国信保主动适应经济发展新常态，迎难而上，积极作为，各项工作稳中有进，政策性职能履行成效明显，公司改革发展迈上一个新的台阶，“十二五”规划的主要战略目标顺利完成。

一、2015 年度中国信保经营业绩概述

2015 年，中国信保的保险及担保业务实现承保金额 4715.1 亿美元（见表 1），增长 5.8%。累计服务支持客户 5.8 万家，增长 11.2%。出口信用保险覆盖面进一步扩大，承保金额 3856.4 亿美元，增长 5.6%，高于同期全国出口增幅 8.4 个百分点。出口信用保险对同期我国出口总额的渗透率达到 16.9%（见表 1），高于 2014 年 1.4 个百分点。2015 年，中国信保的出口信用保险和海外投资保险承保了“一带一路”沿线全部 64 个国家，承保金额达 1163.9 亿美元，增长 21.5%，支持“一带一路”建设和

国际产能合作成效显著。

表 1　2010～2015 年中国信保经营概况　　单位：亿美元

指标名称	2010 年	2011 年	2012 年	2013 年	2014 年	2015 年
承保金额	1964.3	2538.9	3458.3	3969.7	4455.8	4715.1
承保保费	13.1	15.1	22.2	22.1	29.1	26.0
已决赔款	5.0	9.3	11.8	13.0	11.2	14.5
出口渗透率（%）	10.4	11.4	14.3	14.8	15.6	16.9
一般贸易渗透率（%）	22.8	23.6	29.7	30.1	30.3	31.7

截至 2015 年，中国信保成立 14 年来，各项业务累计实现承保金额 24017.3 亿美元，年均增长 48.5%，已决赔款 82.1 亿美元。其中，出口信用保险累计实现承保金额 19938.4 亿美元，年均增长 47.0%。

根据伯尔尼协会统计，2015 年中国信保业务总规模、保费总规模、各主要险种规模均列伯尔尼协会全体成员之首。其中，公司业务总规模及短期险规模两项指标首次跃居协会首位。

二、分险种业务经营情况

（一）短期出口信用保险业务

2015 年，短期出口信用保险覆盖了企业向 220 个国家和地区的出口，全年承保金额 3638.8 亿美元，增长 5.5%。全年支持出口到新兴市场[①]、长账期、赊销出口等高风险业务 1773.4 亿美元，占同期短期出口信用保险承保规模的 48.7%。全年短期出口信用保险已决赔款 11.5 亿美元。

① 新兴市场是指除经合组织（OECD）国家，我国的香港、澳门、台湾地区以及我国保税区以外的其他国家和地区。

（二）中长期出口信用保险业务

2015 年，中长期出口信用保险全年新承保项目 116 个，新增保额 238.0 亿美元。其中，承保“一带一路”沿线国别项目 42 个，承保金额 144.5 亿美元。从承保国别看，实现了对法国、文莱、秘鲁、洪都拉斯、多哥、马绍尔群岛 6 个国家项目的承保突破。从行业分布看，项目涉及电力、化工、轨道交通、机械设备、冶金等多个行业。全年，中长期出口信用保险已决赔款 2.0 亿美元。

（三）投资保险业务

2015 年，投资保险业务全年共承保项目 396 个，新承保项目 136 个，续保项目 260 个；承保金额 411.2 亿美元，增长 14.0%。其中，海外投资保险 409.4 亿美元，增长 14.2%；共承保“一带一路”项目 250 个，承保金额 297.1 亿美元，增长 13.4%。全年投资保险已决赔款 2632.8 万美元。

（四）国内贸易信用保险业务

2015 年，国内贸易信用保险在坚持效益优先、稳健经营的原则下，提高对出口信用保险的配套服务能力。全年实现承保金额 2323.2 亿元（见表 2）；已决赔款 4.6 亿元，增长 53.9%。

表 2　2010～2015 年中国信保分险种承保金额　　单位：亿美元

指标名称	2010 年	2011 年	2012 年	2013 年	2014 年	2015 年
短期出口信用保险	1543.3	2054.8	2729.1	3093.0	3448.2	3638.8
中长期出口信用保险	96.5	107.6	207.4	181.5	202.5	238.0
投资保险	141.8	167.1	250.8	306.5	360.7	411.2
海外投资保险	136.6	163.7	245.8	303.8	358.4	409.4
国内贸易信用保险（亿元）	1125.9	1335.5	1644.4	2320.9	2579.0	2323.2
担保	1.7	2.4	2.7	11.3	24.0	69.9
其他	4.7	0.1	7.7	3.1	0.7	3.2

（五）担保业务

2015 年，中国信保继续围绕中长期出口信用保险、海外投资保险及短期出口信用保险产品开展了一系列配套融资担保服务，满足了中国企业在项目建设期、保险保费和海外投资中的融资需求。担保业务新增担保金额 430.5 亿元，增长 191.9%，新增担保责任金额 147.3 亿元，增长 41.7%。中国信保为中国企业量身设计了最高额循环额度担保模式，提供了包括西班牙语、法语在内的小语种保函服务。同时，通过辐射 29 个“一带一路”国别和撒哈拉以南大部分地区的合作渠道，可为中国企业“走出去”提供可靠的保函转开服务。

三、其他服务开展情况

（一）信用保险项下追偿

2015 年，中国信保追偿渠道的地域和功能布局日趋合理，服务范围覆盖 221 个国家和地区，功能涵盖损因调查、欠款追讨、物流追踪、法律咨询等多个领域。在短期出口信用保险业务项下，中国信保在 117 个国家和地区的 2400 余宗案件中实现有效减损，共计追回欠款 3.43 亿美元。在国内信用险项下，中国信保通过赔前减损措施为客户挽回损失超过 8.56 亿元；已建立包括律师事务所及调查咨询公司在内的 70 余家合作渠道，追偿网络已覆盖全国。

（二）信用保险项下融资

2015 年，中国信保积极帮助企业运用信用保险获得银行融资，全年共支持企业获得银行融资超过 3000 亿元。截至 2015 年末，与中国信保建立全面合作关系的银行有52家，有实际合作业务的银行达233家，累计支持企业获得银行融资超过2.4万亿元。

（三）资信评估

2015年，中国信保累计为中国企业提供海内外企业资信报告33.76万份；涉及30个行业的分析报告与行业报告184份。截至2015年末，中国信保共拥有海内外资信信息渠道109个，资信调查业务可覆盖200多个国家和地区。中国信保利用自身的信息渠道和专业优势，形成了多层次的信用风险信息产品体系。

（四）国别风险研究与相关信息发布

中国信保国别风险研究中心举办了2015年国家风险分析报告发布会暨国家风险管理论坛，发布了192个国家风险参考评级和国家风险地图。

四、“十二五”期间发展简要回顾

2015年是“十二五”的收官之年。回顾这五年，“十二五”时期是中国信保成立以来政策性作用发挥最大、综合实力和可持续发展能力提升最快的五年。

五年间，业务规模显著扩大，综合实力大幅提升。“十二五”期间，中国信保保险及担保业务累计实现承保金额19138亿美元，是“十一五”时期的4.3倍。主要险种的业务发展均实现了新跨越，中长期出口信用保险和海外投资保险分别迈上200亿美元和400亿美元的台阶，承保金额年均增长17.7%和24.5%，累计承保金额是“十一五”时期的3.5倍和5倍；短期出口信用保险先后突破2000亿美元和3000亿美元，年均增长

18.7%，累计承保金额是“十一五”时期的 4.4 倍。资产总额翻了两番，突破千亿大关。实现追偿收入 14.5 亿美元，增加了 3.1 倍。风险管理不断增强，资金运用能力进一步提升，期末偿付能力充足率达到 1508.0%。

五年间，积极服务国家战略，政策性作用显著增强。公司连续四年超额完成出口信用保险任务，对大型成套设备出口融资应保尽保，为支持外贸稳定增长、促进国民经济平稳发展作出重要贡献。积极支持“一带一路”建设和中国装备“走出去”，大力促进优势产能转移，保障能源资源安全，落实了一批备受中外国家领导人关注的高访项目，支持了一批金额大、影响广的示范性、标志性项目。强化对新兴市场、重点行业等领域的支持，大力促进外贸转型升级，累计支持新兴市场出口 5108.0 亿美元，支持机电、高新技术等八大重点行业出口 1.2 万亿美元。落实扶贫攻坚任务和精准扶贫要求，对安徽省霍邱县等贫困地区的扶贫开发工作成效明显。

五年间，专业能力持续增强，客户服务成效显著。客户服务体系不断完善，支持客户数量迅速增加，“十二五”期间增加了 4 万多家。深化战略合作，截至 2015 年底，共与 22 个省级政府、9 个副省级城市、70 余家重点大客户建立了战略合作关系。研发升级短期出口信用保险综合保险、小微企业信保易、海外投资（股权）保险等产品 17 项，产品体系和产品功能更加丰富。理赔追偿和保后管理能力逐步提升，累计支付赔款 59.8 亿美元，为我国企业“走出去”保驾护航。累计帮助企业获得融资 1.8 万亿元，有效缓解了外经贸企业尤其是中小企业“融资难、融资贵”的问题。积极创新资信评估和咨询管理服务，累计为国内企业提供资信报告超过 145 万份。

第三章

2015 年度中国信保政策性职能履行评价指标体系测算情况

本章采用指标体系测算法对 2015 年度中国信保政策性职能履行情况进行了评估。指标体系测算结果显示，中国信保在促进出口、拉动经济增长、配合国家外交战略、推动企业出口结构调整、支持区域经济发展等方面都发挥出重要作用。

一、政策性履行评价指标体系测算结果

依据“中国信保政策性职能履行评价指标体系”（指标体系构建方案、计算方法详见附录一），2015 年中国信保政策性职能履行情况测算结果如表 1 所示。

二、指标体系测算结果说明

（一）宏观经济效应

从出口促进效果看，2015 年信用保险出口拉动金额超过 5700 亿美元，

表 1　中国信保政策性职能履行评价指标数据[1]

序号	指标	2009 年	2010 年	2011 年	2012 年	2013 年	2014 年	2015 年
1	出口拉动比例	25.22	24.02	22.87	24.42	23.89	23.76	25.12
2	投资拉动比例	3.69	3.79	3.76	4.08	3.48	3.41	3.64
3	消费拉动比例	1.83	1.85	1.75	1.78	1.62	1.58	1.52
4	信用保险对 GDP 的贡献率	5.99	6.28	5.79	5.91	5.56	5.38	5.16
5	就业拉动比例	11.17	11.02	10.15	10.79	10.14	9.88	10.42
6	外交重点国别渗透率[2]	—	—	—	—	—	—	—
7	海外投资渗透率	1.50	16.10	5.00	9.50	5.00	7.78	6.08
8	对外承包工程覆盖率	8.75	10.98	12.94	19.99	16.76	20.60	17.30
9	“一带一路”渗透率[3]						10.91	14.00
10	“一带一路”业务占比[3]						23.89	27.28
11	出口渗透率	8.21	10.39	11.39	14.33	14.82	15.59	16.96
12	客户覆盖率		6.71	7.37	12.77	14.98	16.78	17.85
13	新兴市场渗透率	10.97	12.02	13.25	16.62	17.39	18.25	20.43
14	新兴市场业务占比	39.66	37.32	38.37	40.23	41.98	43.62	44.65
15	重点行业渗透率	6.82	9.19	9.96	11.96	12.36	13.06	13.59
16	重点行业业务占比	78.51	76.76	73.99	72.12	70.97	72.57	70.95
17	重点国别渗透率	9.44	10.73	12.08	13.55	11.61	13.25	14.37
18	重点国别业务占比	25.04	25.42	26.74	25.47	22.73	25.09	22.49
19	中西部地区出口险保额渗透率	11.56	12.29	11.00	12.16	10.73	10.72	11.04
20	中西部地区海外投资支持率	21.18	23.96	20.42	17.88	33.47	25.04	15.24
21	东北老工业基地出口险保额渗透率	12.04	11.89	11.64	15.43	14.98	17.05	17.90
22	东北老工业基地海外投资支持率	2.15	1.98	8.42	4.11	12.61	11.27	12.24
23	损失补偿（亿美元）	4.88	4.93	9.24	11.29	12.67	10.71	13.74
24	追偿效果（亿美元）	0.65	0.72	2.27	1.61	3.16	3.61	3.28
25	融资比例	3.36	3.75	3.69	5.24	4.59	4.33	3.28
26	小微企业覆盖率		3.04	3.83	10.41	10.85	15.44	17.47

注：1. 除特别说明外，指标单位均为%；

2. 外交重点国别渗透率参见表 2；

3. “一带一路”渗透率、“一带一路”业务占比两项指标，均为 2014 年度报告中新加入指标体系的指标。由于“一带一路”倡议为 2013 年提出，故相关数据从 2014 年度开始统计；

4. 部分历史数据根据统计口径变化进行了相应调整。

占同期我国出口总额的比重达25.12%，为近五年的新高。

从投资促进效果看，2015年中国信保通过支持出口间接拉动固定资产投资额，占同期我国固定资产投资总额的比重为3.64%，为近三年的新高。

从消费促进效果看，2015年中国信保通过支持出口间接拉动消费占总消费的比重为1.52%。

从GDP促进效果看，2015年中国信保圆满完成出口信用保险任务，政策性作用明显。2015年信用保险对GDP的贡献率达到5.16%。

从就业促进效果看，2015年出口信用保险间接带动就业数超过1500万人，从2009年以来一直处于上升趋势。

（二）支持国家战略

在支持“一带一路”倡议方面，中国信保2015年支持我国对“一带一路”沿线国家的出口和投资1163.86亿美元，增长21.5%，业务占比达到27.28%，增长4.38个百分点，出口渗透率达到14.00%，增长3.09个百分点（见表1）。

在服务国家外交战略方面，中国信保2015年对东盟、阿盟的出口险渗透率分别达到9.4%和15.3%，对俄罗斯、巴西、印度和南非等“金砖国家”的出口险渗透率也分别达到11.7%、16.0%、15.2%和14.3%（见表2）。

（三）持续扩大出口险覆盖面

从客户覆盖率看，2010年以来中国信保对出口企业支持力度不断加大，客户覆盖率从2010年的6.71%跃升至2015年的17.85%。

表 2　2012～2015 年中国信保对部分重点地区渗透率　　单位:%

重点国别	2012 年	2013 年	2014 年	2015 年
东盟	12.3	9.4	9.5	9.4
阿盟	15.3	13.3	14.7	15.3
上海合作组织	15.8	21.3	10.1	24.2
拉丁美洲	16.3	16.8	20.0	20.9
非洲	17.4	19.6	25.1	19.3
俄罗斯	17.0	15.6	12.3	11.7
巴西	15.9	16.0	15.2	16.0
印度	15.8	13.6	13.4	15.2
南非	12.2	13.9	12.2	14.3

从出口渗透率看，国际金融危机以来中国信保致力于扩大信用保险的覆盖面，出口渗透率迅速提高，由 2009 年的 8.21% 跃升至 2015 年的 16.96%，充分发挥了出口保障作用。

从支持小微企业情况看，中国信保对小微出口企业支持力度不断加大，小微企业覆盖率从 2010 年的 3.04% 跃升至 2015 年的 17.47%。

（四）有效促进外贸结构调整

支持新兴市场出口方面，近年来新兴市场业务占比始终保持在较高水平。2015 年该占比由 2014 年的 43.62% 提高至 44.65%。对新兴市场的渗透率从 2014 年的 18.25% 跃升至 2015 年的 20.43%。

支持重点行业方面，2009 年以来重点行业业务占比稳定在 70% 以上，2015 年重点行业业务占比达到 70.95%。重点行业渗透率由 2009 年的 6.82% 提升至 2015 年的 13.59%。但相较而言，重点行业渗透率仍比整体渗透率低，在行业支持方面还有较大的提升空间。

支持重点国别方面，2009 年以来重点国别占比稳定在 22% 以上，2015 年重点国别业务占比达到 22.49%。

（五）支持区域经济发展

在支持中西部地区发展方面，2015 年中西部地区海外投资支持率为 15.24%，较上年降低约 9.8 个百分点。中国信保对中西部地区出口渗透率为 11.04%，较上年上升 0.32 个百分点。整体而言，中西部地区渗透率低于整体渗透率，今后应进一步加大对中西部地区的支持力度。

在支持东北老工业基地发展方面，2015 年东北老工业基地海外投资支持率 12.24%，较上年提高约 1 个百分点。2015 年东北老工业基地出口渗透率达到 17.90%，较上年提高 0.85 个百分点。

（六）保障企业稳定经营

2009 年以来中国信保已决赔款金额大幅增长，保障了企业的稳定经营。2015 年已决赔款达到 14.47 亿美元，追偿收入达到 3.28 亿美元，为出险企业的收汇风险提供了积极保障，为企业的稳定经营提供了支持。

（七）支持企业获得银行融资

2015 年在部分合作银行对信用保险融资业务采取了比较严格管理措施的情况下，中国信保仍然积极支持企业的保单融资业务。全年支持企业获得银行融资约 3076 亿元，对企业稳定经营发挥了积极作用。2015 年融资比例为 3.28%，较上年降低 1.05 个百分点。

三、地区政策性职能履行指标体系

参照“中国信保政策性职能履行评价指标体系”，结合各地区政策性职能履行实践情况，构建出“中国信保地区政策性职能履行评价指标体系”。评价指标体系从宏观和微观两个方面进行构建，共包括 15 个指标。

宏观方面，主要用于说明分支机构政策性履职的宏观效能，分别从出口拉动和就业拉动两个方面进行评价。微观方面，主要表示分支机构为实现政策性职能履行而开展的工作，指标涵盖支持出口、支持出口结构调整、支持“走出去”战略、支持企业发展等方面的指标。指标体系的含义和计算公式见表3。

表3 地区政策性职能履行评价指标体系

类型	序号	三级指标	计算公式
宏观效应	1	拉动出口金额	出口险保额对出口的综合拉动额
	2	拉动就业人数	保额拉动就业人数
微观效应	3	出口渗透率	出口险保额/出口额
	4	客户覆盖率	出口险客户数/出口企业数
	5	新兴市场渗透率	新兴市场保额/新兴市场出口额
	6	新兴市场业务占比	新兴市场保额/出口险和海外投资险业务保额
	7	重点行业渗透率	重点行业保额/重点行业出口额
	8	重点行业业务占比	重点行业保额/出口险业务保额
	9	重点国别渗透率	重点国别保额/重点国别出口额
	10	重点国别业务占比	重点国别保额/出口险和海外投资险业务保额
	11	“一带一路”渗透率	“一带一路”保额/“一带一路”出口额
	12	“一带一路”业务占比	“一带一路”保额/出口险和海外投资险业务保额
	13	损失补偿	已决赔款
	14	追偿效果	当年新增赔后追回款
	15	小微出口企业覆盖率	小微出口企业客户数/小微出口企业数

2015 年地区政策性职能履行情况测算结果显示，在东南沿海外贸发达区域，信用保险对该地区出口及就业拉动效应较为明显。例如，江苏省出口信用保险拉动出口 784.7 亿美元，拉动就业 211.3 万人；广东省拉动出口 770.6 亿美元，拉动就业 207.5 万人；浙江省拉动出口 705.5 亿美元，拉动就业 190.0 万人。其他指标结果详见表4“2015 年各地区政策性职能履行情况一览表”。

表 4　2015 年各地区政策性职能履行情况一览表

地　区	拉动出口金额（亿美元）	拉动就业人数（万人）	出口渗透率（%）	客户覆盖率（%）	新兴市场渗透率（%）	新兴市场业务占比（%）	重点行业渗透率（%）	重点行业业务占比（%）	重点国别渗透率（%）	重点国别业务占比（%）	“一带一路”渗透率（%）	“一带一路”业务占比（%）	损失补偿（万美元）	追偿效果（万美元）	小微企业覆盖率（%）
北京	653.9	176.1	—	14.5	—	—	49.3	47.6	40.6	50.3	55.4	64.7	15787.17	2102.71	11.6
天津	109.9	29.6	14.5	15.3	12.5	36.5	9.9	53.7	2.4	15.1	3.7	26.5	1891.69	479.78	15.4
河北	130.7	35.2	26.8	29.6	10.8	20.8	26.8	63.4	5.6	16.2	5.3	15.1	1979.97	345.57	36.2
山西	37.1	10.0	29.8	76.1	23.0	17.3	10.0	34.2	7.6	13.3	10.4	17.1	161.81	11.34	82.4
辽宁	159.9	43.1	19.5	16.7	12.4	27.0	17.4	60.8	5.2	10.7	5.6	15.3	3854.96	146.88	16.3
上海	431.8	116.3	14.9	9.2	16.3	27.5	11.9	70.0	5.9	18.7	6.3	23.5	6628.56	552.16	8.6
江苏	784.7	211.3	15.7	18.4	10.0	17.5	12.1	71.2	3.2	11.4	3.5	13.5	16258.96	2144.94	19.2
浙江	705.5	190.0	23.1	19.3	8.9	19.6	21.5	83.4	4.4	16.1	4.0	16.0	15026.12	1093.96	16.4
宁波	253.0	68.1	24.3	29.4	15.4	20.3	22.0	84.2	6.9	17.1	6.4	15.6	8180.70	1056.04	22.2
安徽	78.1	21.0	16.4	20.1	11.0	36.4	14.9	74.9	4.4	20.3	4.3	20.7	3349.97	137.61	18.6
福建	163.2	43.9	18.7	25.4	11.2	25.8	17.0	80.8	4.2	14.8	4.6	18.7	2514.63	458.55	23.5
厦门	147.5	39.7	18.7	17.4	8.4	17.1	16.1	79.0	2.1	10.4	3.0	14.3	6140.28	322.65	15.5
山东	376.4	101.4	17.7	11.8	19.1	40.4	13.1	59.1	9.5	25.4	8.7	23.9	9711.40	2055.89	11.6
河南	55.5	14.9	8.7	16.0	12.0	34.4	5.6	57.8	4.7	23.5	5.8	32.0	1425.16	45.61	15.0

续表

地区	拉动出口金额（亿美元）	拉动就业人数（万人）	出口渗透率（%）	客户覆盖率（%）	新兴市场渗透率（%）	新兴市场业务占比（%）	重点行业渗透率（%）	重点行业业务占比（%）	重点国别渗透率（%）	重点国别业务占比（%）	“一带一路”渗透率（%）	“一带一路”业务占比（%）	损失补偿（万美元）	追偿效果（万美元）	小微企业覆盖率（%）
广东	770.6	207.5	13.6	12.1	9.1	21.9	11.7	84.3	4.1	18.3	3.4	16.9	13318.87	2260.46	11.5
深圳	417.4	112.4	10.7	19.9	22.6	43.9	10.3	95.5	7.1	27.9	6.0	28.4	10429.58	805.56	21.5
四川	60.7	16.3	12.1	19.7	11.1	38.1	11.2	80.5	4.6	25.5	4.1	28.8	1441.89	98.98	18.6
云南	27.2	7.3	11.1	26.5	7.8	60.9	6.6	50.5	5.5	33.1	4.0	54.9	2814.51	42.04	35.3
陕西	37.8	10.2	10.1	24.9	7.0	28.2	9.1	78.9	2.6	13.7	1.3	14.1	1318.28	0.94	23.6
黑龙江	11.4	3.1	9.5	21.9	12.5	94.0	6.6	47.7	0.4	4.2	3.3	53.3	119.18	46.30	18.8
江西	65.7	17.7	13.3	39.6	7.4	26.8	10.5	71.6	1.9	11.5	0.9	6.3	839.06	160.56	54.3
湖北	70.5	19.0	16.3	24.5	9.4	22.8	9.3	49.0	2.2	10.0	4.0	20.0	289.48	51.74	28.6
湖南	63.9	17.2	14.8	19.3	18.7	55.4	9.9	55.3	9.4	36.0	9.6	46.6	1814.96	211.63	18.9
广西	32.9	8.9	7.9	42.3	4.0	38.3	5.5	58.6	1.4	33.8	0.9	24.3	1685.63	104.82	50.8
重庆	54.3	14.6	6.6	26.8	8.0	48.6	5.9	86.5	4.1	41.3	2.1	26.8	2710.76	88.73	30.4
新疆	7.9	2.1	3.0	6.3	2.5	67.3	1.9	53.2	1.9	61.1	0.3	22.6	68.74	15.19	7.6
内蒙古	8.6	2.3	10.3	17.2	0.6	3.6	13.5	94.8	0.3	2.2	0.1	1.5	27.59	—	17.5

注：1. 地区界定采用中国信保分支机构辖区进行划分，个别分支机构辖区包括两个及以上省份，如辽宁辖区包括辽宁和吉林两省。
2. 北京地区部分数据因辖区划分、中长期业务占比较大等原因，未形成有效数据。

第四章

2015年度中国信保政策性职能履行绩效评估

依据“中国信保政策性职能履行评价指标体系”2015年的测算结果，结合全年国内外宏观经济运行情况以及中国信保的业务开展情况，本章从推动对外经济贸易发展、促进经济增长、保障就业、保障企业稳定经营、扶持小微企业发展等多个维度，对中国信保2015年度政策性职能履行绩效进行评估。

一、全力推动我国对外经济贸易发展

2015年，中国信保克服外贸下行压力，不断加大出口支持力度，推动对外贸易在保持总量稳定的同时实现结构调整。

（一）促进外贸稳定增长

2015年3~5月，我国出口连续3个月同比下降，外贸形势严峻。为遏制外贸下滑势头，国家出台了一系列外贸稳增长措施，其中，加大出口信用保险支持力度是重要的政策措施。中国信保高度重视，迅速行动，实施了更具支持性的承保政策，加大了投入力度，进一步提高了风险容忍度，对重点国家和重点行业予以倾斜性支持。2015年，中国信保短期险业务全年实现承保金额3638.8亿美元，增长5.5%，为稳定外贸作出积极贡献。

（二）促进贸易和投资发展方式转变

1. 积极支持一般贸易出口

一般贸易渗透率是出口信用保险承保金额与一般贸易出口金额之比，体现了一般贸易中得到出口信用保险覆盖的比例。

从测算结果看，2015年中国信保一般贸易出口渗透率达到31.7%，自2010年以来连续6年超过20%，在渗透率已经处于高位的情况下，又比上年提高了1.4个百分点（见图1）。

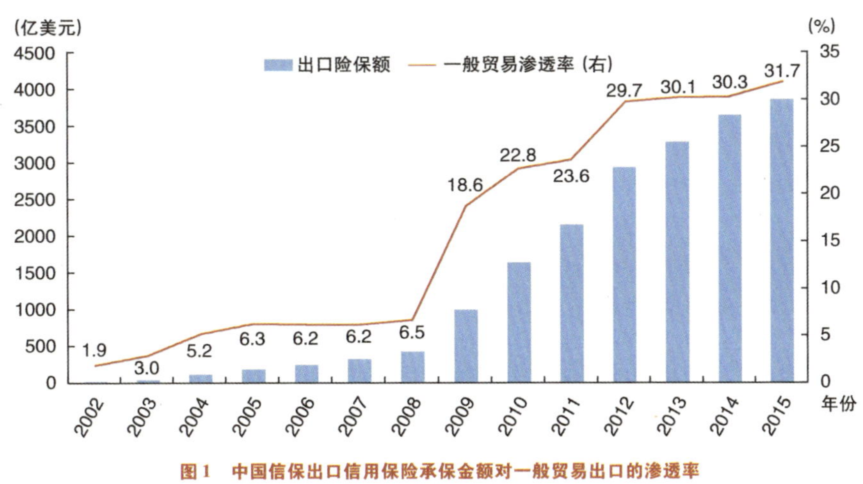

图1　中国信保出口信用保险承保金额对一般贸易出口的渗透率

2. 为中国企业海外投资提供风险保障

多年来，中国信保通过海外投资保险大力支持中国企业“走出去”。数据显示，中国信保海外投资保险承保规模逐年扩大（见图2），2015年支持企业对外投资金额达409.4亿美元，增长14.2%。海外投资渗透率为6.1%，较2014年降低1.7个百分点，其中对东北老工业基地海外投资支持率为12.24%，对中西部地区海外投资支持率为15.24%（见表1）。

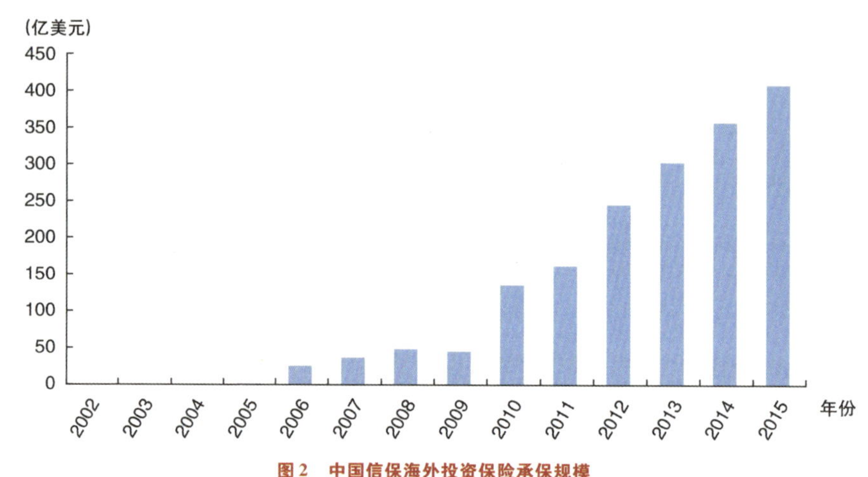

图2 中国信保海外投资保险承保规模

表1 海外投资渗透率和地区支持率

单位:%

指标	2009年	2010年	2011年	2012年	2013年	2014年	2015年
海外投资渗透率	1.5	16.1	5.0	9.5	5.0	7.8	6.1
东北老工业基地海外投资支持率	2.15	1.98	8.42	4.11	12.61	11.27	12.24
中西部地区海外投资支持率	21.18	23.96	20.42	17.88	33.47	25.04	15.24

3. 促进出口结构优化

近年来，我国外贸从靠拼规模、拼成本支撑的高速发展阶段逐步向由要素驱动和创新驱动结合的阶段转变，大力推进结构调整、促进转型升级成为外贸发展的必由之路。在此进程中，中国信保突出政策导向，对国家重点支持的行业采取了积极的承保政策，承保资源优先向重点行业倾斜，积极引导企业调整出口产品结构。2015年，对机电产品承保金额为1749.2亿美元，出口渗透率为13.33%；对高新技术产品承保金额为832.4亿美元，出口渗透率为12.69%。从重点商品看，对纺织品承保金额521.8亿美元，出口渗透率为18.25%；对农产品承保金额118.8亿美元，出口渗透率为 16.92%；对船舶承保金额 85.6 亿美元，出口渗透率为 33.19%；对汽车（零部件及整车）承保金额为 118.2 亿美元，出口渗透率为 20.34%（见表 2）。

表 2　中国信保出口信用保险承保金额与出口渗透率　　单位：亿美元

年份	纺织品		农产品		船舶		汽车	
	承保额	渗透率（%）	承保额	渗透率（%）	承保额	渗透率（%）	承保额	渗透率（%）
2009	127.5	7.57	30.9	7.96	26.8	8.44	29.1	13.41
2010	219.8	10.54	50.2	10.47	57.8	13.18	49.0	15.74
2011	286.3	11.43	63.4	10.79	56.4	11.80	73.0	17.35
2012	406.9	15.80	94.0	15.03	88.3	20.33	103.4	21.48
2013	498.4	17.42	116.5	17.35	83.5	25.83	109.3	21.34
2014	526.0	17.63	113.2	15.87	104.4	45.35	118.1	18.80
2015	521.8	18.25	118.8	16.92	85.6	33.19	118.2	20.34

表 3 显示，2015 年中国信保出口信用保险对重点行业出口的渗透率达 13.59%，提高了 0.5 个百分点，重点行业业务占比为 70.95%，继续保持逾 70% 的承保规模；同一期间，出口信用保险对重点国别渗透率为 14.37%，提高了 1.12 个百分点，对重点国别的出口和投资业务的占比为 22.49%。

出口信用保险在稳定外贸发展、培育外贸竞争新优势方面的作用日益显现，已成为我国推动出口贸易、促进产业升级的重要政策工具。

表 3　中国信保对重点行业的出口渗透率与业务占比　　单位:%

指标	2009 年	2010 年	2011 年	2012 年	2013 年	2014 年	2015 年
重点行业渗透率	6.82	9.19	9.96	11.96	12.36	13.06	13.59
重点行业业务占比	78.51	76.76	73.99	72.12	70.97	76.25	70.95
重点国别渗透率	9.44	10.73	12.08	13.55	11.61	13.25	14.37
重点国别业务占比	25.04	25.42	26.74	25.47	22.73	25.09	22.49

二、积极促进经济增长和社会就业

2015 年中国信保积极落实国家政策，服务国家战略，较好地履行了政策性职能，在促进经济增长和社会就业等领域发挥了重要作用。

（一）拉动经济增长

2002～2015 年，中国信保持续加大对出口的支持力度，出口信用保险规模从 25.7 亿美元增加到 3856.4 亿美元，年均增速达 47.0%。其中，短期险规模从 17.5 亿美元增长到 3638.8 亿美元（见图 3），中长期险规模从 8.3 亿美元增长到 217.6 亿美元（见图 4）。2015 年，出口信用保险对出口的渗透率达到 16.9%，高于上年 1.3 个百分点（见图 5）。2015 年，出口信用保险支持外贸企业数量增加到 56187 家，覆盖率从 2008 年的 3.2% 跃升至 2015 年的 17.9%（见图 6）。据测算，2015 年中国信保拉动出口金额超过 5700 亿美元，占同期我国出口总额的比重达到 25.12%；出口信用保险对 GDP 的贡献率达到 5.16%。可见，中国信保通过支持出口对稳定经济增长发挥了重要作用。

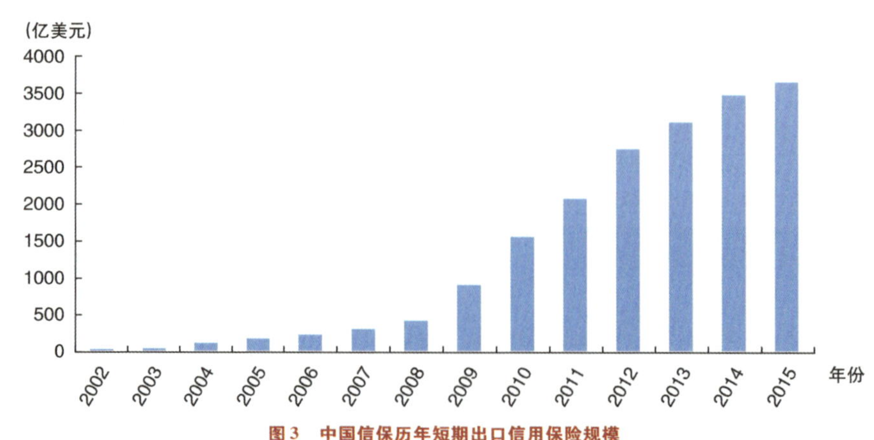

图 3　中国信保历年短期出口信用保险规模

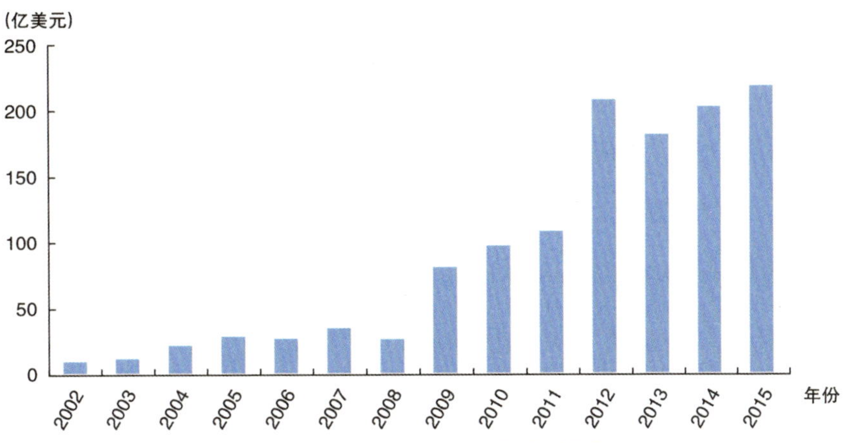

图 4　中国信保历年中长期出口信用保险规模

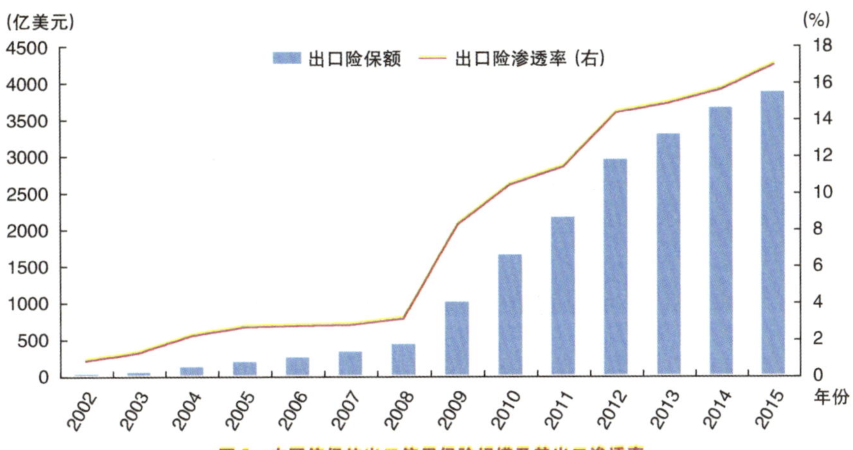

图 5　中国信保的出口信用保险规模及其出口渗透率

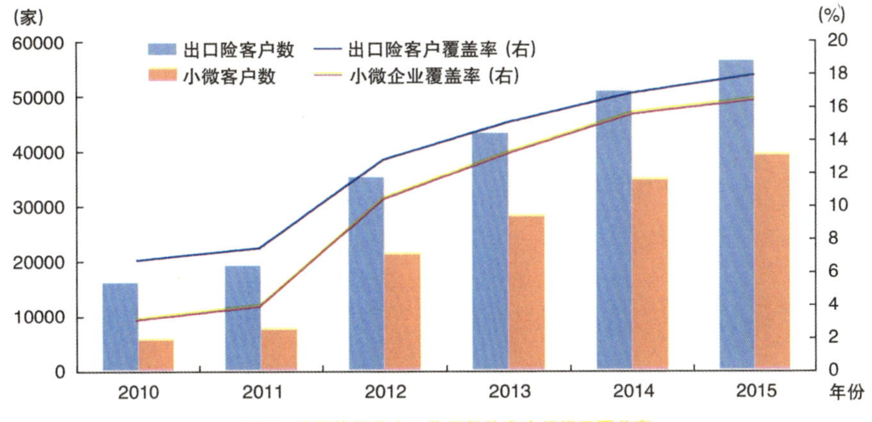

图 6　中国信保的出口信用保险客户规模及覆盖率

（二）促进和保障就业

近年来，出口信用保险拉动的就业总量保持上升趋势。回顾过去几年，2005 年，出口信用保险拉动就业 1220 万人（其中城镇 488 万人）；2007 年出口信用保险拉动就业 1086 万人（其中城镇 434 万人）；2009 年出口信用保险拉动就业 1246 万人（其中城镇 499 万人）；2012 年以来，出口信用保险每年拉动就业人数稳定在 1400 万人以上，对就业的拉动能力不断增强。2015 年，出口信用保险拉动就业超过 1500 万人，占我国外贸行业从业人员的近 1/5，占我国就业总人口比例约为 1.9%。可见，出口信用保险对创造更多就业机会、缓解就业压力发挥了重要作用。

三、切实保障企业稳定发展，护航企业“走出去”

（一）与重点出口企业建立和深化战略合作关系

重点出口企业不仅是中国信保的重要客户，更是战略合作伙伴，中国信保一直高度重视与重点出口企业的合作，致力于与企业共同发展、共抗风险、互惠共赢。2015 年，中国信保先后与鞍钢集团公司、华为技术有限公司、中国船舶燃料有限责任公司 3 家大型企业集团签署了战略合作协议或全面业务合作协议。截至 2015 年末，中国信保已与 84 家大型集团或知名企业签署了战略合作协议或全面业务合作协议，建立起互惠协作、互利共赢的合作关系。同时，中国信保不断加大对合作企业的支持力度，提供差异化的产品及承保方案，满足客户的个性化保险需求，在提高企业国际竞争力、支持企业“走出去”和维护国家经济安全等方面充分发挥了出口信用保险的独特作用。

（二）及时向保户提供风险补偿

2015 年，国际贸易下滑严重，同时贸易保护主义仍然存在，我国企业出口成本持续上升。发达国家和新兴国家接连出现信用风险恶化的情况，出口企业面临严峻的收汇风险。

2015 年，中国信保累计赔付案件 5494 宗，向被保险人支付赔款 14.5 亿美元，帮助企业追回欠款 4.5 亿美元，受益的出口企业和银行超过 3000 余家。其中，中长期险、海外投资险全年赔款 2.3 亿美元；短期险全年赔款 11.5 亿美元；国内信用险全年赔款 4.6 亿元。

2015 年，中国信保始终奉行以政策为依据，以市场为导向，以客户为中心的经营理念，不断优化支持企业出口和“走出去”的业务流程，创新服务。一方面，继续推广“理赔绿色通道”服务机制。对于 AA、AAA 级以上客户，在有效控制风险的前提下，进一步放宽营业机构适用“理赔绿色通道”机制的年度赔付总额上限，将有限的特殊优惠理赔服务资源向优质客户倾斜，提高优质客户服务水平。另一方面，促成理赔追偿服务标准化、规范化，编写完成了 100 余万字的《短期出口险理赔追偿手册》（以下简称《手册》），内容涉及各业务环节和全部主营产品。通过“统一标准、统一流程、统一系统、统一操作、统一服务、统一单证”，使该《手册》成为促进全系统理赔追偿工作标准化和规范化的有力工具，从而实现对客户提供合规高效的理赔追偿服务。此外，中国信保还向企业积极提供多项保险增值服务，邀请了 28 家国内外渠道与浙江、上海、宁波、厦门等多家分支机构进行交流，向数千家保户提供国际贸易风险论坛及培训讲座数十余次，充分发挥了信用保险机构的专业优势，体现了政策性职能，赢得了客户的高度赞誉。

【专栏 1】 中国信保支持出口企业的典型案例

案例一：美国 XX 集团巴西、墨西哥电信项目

2012 年，中国信保就美国 XX 集团项下位于智利、墨西哥和巴西的 3 家子公司出具保单，累计保额 6.92 亿美元。2014 年，中国信保收到 XX 集团年报，发现该集团亏损严重，借款人经营出现较大下滑。面对凸显的项目风险，中国信保高度重视，积极应对，组成联合工作小组密切跟踪处理，积极探索寻找化解项目风险的处置方案。在 2014 年 9 月美国 XX 集团进入破产保护程序的谈判过程中，中国信保与国家开发银行紧密配合，通过设置贷款协议变更条件、增加担保措施、调整还款计划等方式最大限度争取了我方利益，推动各方在 12 月最终达成债务重组方案，使得美国 AT&T Inc. 公司能够介入其墨西哥子公司项下的股权收购，最终在 2015 年成功获得清偿款项 1.86 亿美元，并使得巴西 XX 项目获得集团更多注资支持成为可能，自此项目风险化解取得了显著的阶段性成果。

在此案例中，中国信保积极履行政策性职能，密切关注项目风险，总分联动，多机构密切配合，高效应对处理财务指标约束突破、母公司破产重组、出售墨西哥子公司股权等复杂疑难事项，为巴西 XX 电信项目争取了 5 亿美元注资，促成墨西哥子公司股权成功转卖，最终成功化解 1.63 亿美元项目风险异动，为企业排忧解难，充分体现了中国信保高效专业的风险处置能力。

案例二：广西 XX 公司出口巴西买方拖欠案

2013 年 5 月至 2014 年 9 月，中国信保被保险人广西 XX 公司与巴西买方 XX 签署销售合同，陆续向买方出运 185 票货物，涉及金额近 2500 万美元。扣除出运前已收讫的预付款，被保险人合计向中国信保申报投保 2300 多万美元。因买方收货后仅支付部分货款，余款发生拖欠，被保险人于 2014 年 11 月向中国信保报损，后于 2015 年 11 月申请索赔。中国信保介入案件后，积极作为，开展海外勘查工作，充分考虑被保险人损失情况，立即就贸易双方无争议债权金额先行启动定损核赔程序，及时赔付被保险人 1100 余万美元赔款。

在此案例中，中国信保面对大金额复杂出口案件，积极履行政策性职能，高效调查买方提货情况、买方认债情况，并对于买卖双方无争议的欠款金额先行赔付，及时为出口企业提供合理损失补偿，缓解了企业资金压力，免除了其后顾之忧，为行业龙头企业“走出去”保驾护航。

（三）全力支持出口企业获得融资

当前，国内经济下行压力较大，国内出口企业成本高，特别是“融资难、融资贵”的问题始终是制约企业发展的瓶颈。出口信用保险作为政策性工具，不仅可以满足出口企业保障收汇安全的保险需求，还可以利用其自身特性，一定程度上满足企业的融资需求，缓解企业融资难、融资贵。通过投保出口信用保险，企业的国外应收账款和投资权益得到了保障，企业财务收入的安全性和稳定性得以大幅提高，对贷款银行的吸引力也大大增强。对于短期贸易融资而言，出口信用保险项下的融资是一种“信用贷款”，它使得出口企业摆脱了因为抵押和担保能力不足而无法获得银行融资的尴尬局面，有力地促进了其出口规模的扩大和竞争能力的提高。除了获得短期出口信用保险项下的融资，企业在履行大型资本货物出口合同、大型国际工程承包合同或进行海外投资时，也可以通过投保出口信用保险和海外投资保险来获得期限更长、成本更低的银行贷款。2002～2015 年，中国信保累计支持出口企业获得融资超过 2.4 万亿元，有力保障了相关企业的稳定经营和长远发展。其中，2015 年中国信保支持企业获得银行融资约 495 亿美元（折合人民币约 3076 亿元）。

（四）积极协助行业龙头企业拓展海外市场

中国信保积极服务“走出去”战略，努力为我国企业开展海外经营提供全方位的优质服务和保险保障，全力为企业“走出去”保驾护航。这其中，既有各行业的龙头企业，也有中小规模的企业。在信用保险的保障下，企业“走出去”底气更足，竞争力更强，尤其是一批龙头企业在中国信保的支持下实现了又好又快发展。

在支持农产品“走出去”方面。中国信保大力支持农业企业海外投资、农副产品出口和海外农业项目建设。2015 年，中国信保继续为天津 J 公司、广垦 X 公司等龙头企业在印度尼西亚等东南亚国家投资建设天然橡胶种植及加工项目提供融资保险服务。同时，还顺利承保了天津 N 公司匈牙利玉米、苜蓿种植项目和河南省 H 公司塔吉克斯坦农业产业链项目等“一带一路”沿线国家农业“走出去”项目，实现承保金额 18.03 亿美元，涉及合同金额 21.44 亿美元。

在支持船舶/海工装备出口方面。受近年来国际经济震荡下行的影响，国内船企新船订单大量减少，与此同时，国际原油价格深度下跌，海工项目投资总额大幅降低，海工装备市场订单同样急剧减少。中国信保积极应对，严格把控风险，积极探索与银行融资结合的新道路，加大对重点船企的资金支持，为船企提供全面风险保障和综合金融服务，共度时艰。2015 年，出口特险项下共实现新增船舶/海工项目 174 个，承保金额 70.35 亿美元；项目险项下实现承保金额20亿美元，支持20多艘船舶出口，主要涉及油轮、散货船、集装箱船等三大传统商船领域，重点支持上海外高桥造船出口美国6艘VLCC项目，南通中远川崎船舶工程和江苏扬子江船业出口美国散货船项目以及青岛北海船舶重工出口我国香港大型矿砂船等项目。

在支持电信产品方面。电信行业一直是我国“走出去”的优势行业。2014年，中国信保为Z公司和H公司两大电信龙头企业量身定制了规模化的承保模式——政治风险统保和东南亚区域统保，2015年又对此进行了优化巩固，支持力度明显加大，承保规模显著增长，分别实现承保金额8.5亿美元和10.2亿美元，为近年来电信行业加快“走出去”步伐奠定了坚实基础。

四、大力扶持小微企业发展

小型、微型外贸企业是我国对外经贸的重要力量，在促进我国产业经济创新、扩大和保障就业、繁荣市场经济等方面发挥着积极作用。因此，其经营和生存状况直接影响到我国外贸出口的稳定增长和社会经济的健康发展。

2015年6月发布的《国务院关于大力推进大众创业万众创新若干政策措施的意见》，进一步提高了民众的创业热情，众多小微企业如雨后春笋一般破土而出。这些处于创业阶段的小微企业具有规模较小、资金有限、风险抵御能力弱等特点，往往会遇到融资难的发展瓶颈。因此，全力促进小型、微型外贸企业发展，帮助其识别风险、防范风险、提高接单能力、保障企业稳定经营，推动小微企业增强国际竞争力，不断做大做强小微企业是中国信保的重要政策性职能。

2015 年，中国信保多措并举，不断增强服务小微企业的能力，努力服务“大众创业、万众创新”战略。

（一）增设专门机构，加强组织保障

中国信保一直将服务支持小微出口企业作为履行政策性职能的长期任务。2015 年，为进一步推动小微出口企业工作专业化管理，中国信保在公司贸易险管理部设立了小微业务管理处，统筹负责小微业务的规划和管理，为长期、稳定支持小微出口企业提供了有效组织保障。

（二）不断完善专属产品，提高风险保障力度

“小微企业信保易”是中国信保此前为小微出口企业量身打造的专属产品。2015 年，针对小微出口企业新需求，中国信保对该产品进行升级完善，在提高产品保障力度的同时，配置更加灵活的限额申请方案，使企业在享受政府提供的基本风险保障基础上，能够选择更加契合自身业务结构及风险偏好的风险保障方案。

（三）创新业务模式，不断扩大小微出口企业受惠面

2015 年，中国信保与各级政府、银行、商协会合作，累计搭建服务平台 100 余个，为小微出口企业提供批量化、集约化的综合性金融服务，受惠企业超过 2 万家。通过“银行 + 保险”的方式，中国信保累计帮助小微出口企业获得融资 150 亿元，有效缓解了小微出口企业的融资难问题。中国信保还进一步加强与“深圳一达通”等外贸综合服务企业的合作，积极参与中国（杭州）跨境电商综合试验区试点工作，通过相关平台服务小微出口企业 2500 余家。

（四）加强专业服务，提高小微企业风险管理水平

为进一步发挥专业信用保险服务的积极作用，中国信保制定了小微出口企业客户服务规范，面向社会发布《小微出口企业服务承诺》，推动小微出口企业服务实现标准化、制度化。中国信保还通过联合其他金融机构、邀请外部专家、组织信用风险管理培训等方式开展“信保大讲堂”活动，帮助小微出口企业掌握出口知识，理解、使用好信用保险工具。2012 年以来，参与活动的企业超过 5 万家。此外，中国信保还积极利用微信公众号等新媒体，为小微出口企业提供专题研究和风险资讯。

（五）充分利用“互联网+”，提高政策性资源利用效率

为克服公司业务网点少与小微出口企业数量众多之间的矛盾，中国信保投入资源开发了小微出口企业专属服务平台，为企业提供网上投保、保单续转、网上索赔、单证管理、风险信息查询等在线综合服务。通过该服务平台，消除了线下服务模式在时间和空间上的限制，有效提升了信用保险服务的便利性，进一步提高了政策性金融服务的普惠性。

2015 年，中国信保短期出口信用保险累计服务支持小微出口企业 3. 9 万家，占公司短期险客户总数的 69. 6%，增长 13. 1%。全年新增小微出口企业客户近 1 万家，占短期险新增客户总数的 79. 9%。中国信保服务支持的小微出口企业客户占全国小微出口企业总数的 16. 39%，主要集中在纺织、机电、轻工等劳动密集型行业，涉及就业岗位 350 万个。2015 年，中国信保小微出口企业项下承保金额 409. 4 亿美元，保费 1. 5 亿美元；支持的小微出口企业累计发生索赔案件 1830 起，获得赔款 1. 4 亿美元，净赔付率 84. 4%。全年支持小微出口企业获得融资 157. 35 亿元，有效帮助小微企业缓解了“融资难、融资贵”等问题。

【专栏2】　中国信保支持小微企业的案例

案例一：帮助中部地区农产品企业追回欠款

三门峡市XX果业有限公司是河南省三门峡市陕县一家从事农产品出口的小微出口企业，主要向欧洲、东南亚、中东地区出口新鲜苹果，企业职工近50人，支持了当地500余名农民的苹果种植和销售。2014年10月，该果业公司向孟加拉国某企业出口了10个货柜的苹果，总价值20余万元，双方约定在2015年5月支付货款。买家收货后，陆续支付了14万元的货款，剩余6万余元尾款一直以销路不畅为由不予支付。该果业公司2014年起投保了中国信保的小微企业信保易产品，案发后向中国信保报了案。中国信保了解案情后，积极帮助该企业联络买家，通过致电、发函等方式进行催收。在中国信保努力下，买家最终向果业公司支付了余款，企业利益得到保障。

案例二：为食品添加剂小微出口企业快速理赔

无锡XX化学品有限公司是一家从事食品添加剂生产的小微企业，主要出口市场覆盖欧美和中东。2014年，该企业在地方政府引导下投保了信用保险。2015年3月，该企业通过赊销的方式向意大利买家出口了价值6.6万美金的维生素C产品，双方约定收货后40天内付款。但买家收货后一直拖欠货款，该企业多次催讨无果并向中国信保报案。经了解，该国外买家承认债务关系，主要是因为上游客户拖欠货款导致其无力偿付。因此，中国信保启动了快速理赔程序，仅用9天时间就向该化学品公司支付了5.3万美元的赔款，保障了企业的正常生产运营。

案例三：利用新媒体快速向小微出口企业传递风险信息

为帮助小微出口企业提高风险管理能力，及时掌握全球风险动态，中国信保积极利用微信公众号为小微企业推送专题服务信息。

例如，中国信保浙江分公司开设了“信用风险资讯”订阅号，重点根据当地小微出口企业特点编制原创报告，为企业管理风险、拓展市场提供有益参考。2015 年 4 月发布了《浙江省鞋靴出口风险陡增》的报告，分析具有代表性的制鞋企业案例，提出制鞋企业风险管理建议。春季广交会期间，浙江分公司发布了《图说国外买家甄别大法》，通过活泼生动的图文方式提示小微出口企业利用名片细节鉴别买家资质，引导企业交易前了解买家资信，受到企业的欢迎，并纷纷转载至自己的微信账号。目前，中国信保浙江分公司“信用风险资讯”订阅号已累计发布报告、文章 140 余篇，受到 1.2 万人关注，文章阅读总量高达 54 万次。

五、良好的社会评价与反馈

（一）主动服务地方政府，积极促进当地外经贸发展

中国信保以重大战略、重点行业、重点企业和关键领域为切入点，全面服务地方开放型经济发展。截至 2015 年末，中国信保已累计与 22 个省级政府、9 个副省级城市政府签署了战略合作协议，全力支持了地方外经贸发展。2015 年，中国信保各分支机构与辖区地市级政府签署协议共计 40 余份，涉及“走出去”战略实施、小微企业统保、企业融资支持等多项内容，通过与各地政府签署协议，当地机构与地方经济发展的联系更加紧密。

各级地方政府对辖区内中国信保各分支机构 2015 年度开展的各项工

作取得的成效予以高度认可。2015 年全年，副省（部）级以上领导以多种方式肯定出口信用保险工作达 20 余次，对中国信保在国家层面促进出口、拉动经济增长、促进外经贸发展等方面发挥的政策性作用给予充分肯定。

（二）不断改善服务水平，赢得外经贸企业的充分肯定

目前，中国信保资信业务涵盖了国别、行业、企业与银行等风险主体，可提供海内外企业资信调查、海内外企业信用评级、全球银行资信调查及信用评级、投资资产及交易对手信用评级、担保评级、行业研究、企业信用管理咨询、风险管理培训、海外投资项目咨询等一揽子资信服务，形成了多层次的信用风险信息产品体系。中国信保发布的 2015 版《国家风险分析报告》涵盖了 150 多个国家；其中，《国家风险分析报告："一带一路"沿线国家》专门对"一带一路"沿线国家的风险水平进行了全面分析，得到了广泛好评。

2015 年，公司开展了新签单小微企业回访，结果显示，对于"公司专业性与规范性"的评价，97% 客户选择"非常好"和"比较好"，公司的专业性和规范性得到客户的广泛认可。

2015 年，中国信保不断提升的专业水平、持续优化的保险产品和丰富有效的增值服务得到了众多客户的交口称赞，全年共计收到 35 家各类企业寄来的感谢信。这些企业纷纷对中国信保的优质产品以及高效服务表示了感谢。

（三）充分发挥政策性职能，赢得社会广泛赞誉

2015 年，中国信保充分发挥了政策性职能作用，为经济社会发展作出了应有贡献，得到了社会各界的广泛认可。《人民日报》、新华社等中央媒

体和各类新闻媒体对中国信保服务开放型经济的举措和成绩进行了详细的报道。其中，《人民日报》报道了中国信保积极发挥政策性职能，帮助广大外经贸企业有效应对海外区域局势动荡。中央电视台《新闻联播》栏目报道了《政策性信用保险为外贸保驾护航》的新闻，这是中央电视台《新闻联播》栏目第17次报道中国信保新闻。中央电视台财经频道《环球财经连线》栏目，采用中国信保发布的《国家风险分析报告》分析了全球贸易投资风险形势。同时，新华社、《金融时报》《经济参考报》及《上海证券报》等权威媒体分别以《专访王毅：中国信保如何服务"走出去"战略》《全力服务"一带一路"建设高水平履行政策性职责》《发挥出口信用保险作用支持外贸稳定增长和转型升级》和《推进国际交流合作，加快出口信用保险发展》为题发表了对中国信保董事长王毅等领导的4篇专访。此外，中央媒体还对中国信保的重大活动和业务发展表现了极高的关注并进行了相关报道。

2015年，各类新闻媒体对中国信保的报道超过40000条，其中中央权威媒体对公司的报道近15000条。这些媒体报道充分说明，中国信保通过14年努力奋斗，服务国家战略和对外经贸发展的能力显著增强，政策性作用发挥愈加充分，中国信保的公司品牌得到了更大范围的认可，社会认知度和影响力进一步提高。

第五章

中国信保全力落实“一带一路”倡议

2015 年是“一带一路”倡议实施的关键一年。作为我国唯一的政策性信用保险机构，中国信保加大了对“一带一路”沿线国家的承保支持力度，在扩大对沿线国家一般贸易出口，促进产能、装备和投资合作，配合外贸稳增长和转型升级等方面发挥了独特作用。

一、积极服务“一带一路”倡议

2015 年，中国信保积极落实国家“一带一路”建设，着力发挥政策性信用保险防范风险、开拓市场、促进融资的重要作用，为企业向“一带一路”沿线国家进行投资、出口等外经贸活动提供综合性支持保障方案。

（一）加强组织领导，健全工作机制

一是强化组织领导。统筹资源配置，成立了落实“一带一路”倡议领导小组及其办公室、“一带一路”项目审查小组，建立重大项目运作管理体系以及“一带一路”倡议专项评审机制。各营业机构也纷纷建立“一带一路”倡议专门的工作机制，加强总分联动，狠抓组织实施，集中资源配

置，确保战略落实。二是完善项目对接机制。先后在全系统汇总下发了国家战略规划项目、国际产能合作委省企对接机制项目、国家“一带一路”相关项目储备库项目等3个项目清单，并提出了对接政府、企业及对项目摸底跟踪的具体要求。三是组建两批重大项目推动小组，及时沟通、紧密协作，推动重大项目落实。全年共承保“一带一路”沿线中长期险和海外投资险项目292个，落实国家重大战略清单内项目33个，承保金额279.4亿美元，包括中巴经济走廊能源合作项目、中亚天然气管线C线、老挝南欧江梯级水电站等重大示范性项目。

（二）参与相关发展规划编制，强化对政府部门的决策支持

一是积极配合政府部门编制有关规划。加强与发改委、财政部、商务部、能源局等相关部委的沟通汇报，积极参与编制中蒙俄、中老、中柬、中哈等多双边合作规划纲要以及“一带一路”建设滚动计划、“一带一路”建设谅解备忘录等国家顶层战略规划，向政府部门提供了国别风险信息、重点行业信息，提出政策建议。二是加强与地方政府的沟通对接。各营业机构通过共同搭建融资与担保服务平台、加强风险信息服务等多种方式深入参与当地“一带一路”建设。三是建立并不断完善重点项目储备库，推动与政府部门项目信息共享。全年共报送重点项目588个，总金额2700多亿美元。四是发挥专业优势和智库作用，加强基础研究，主动向国家有关部门提供国别、行业风险信息和研究成果，为政府部门提供决策参考。相继承担了由国家能源局组织的“一带一路”国际能源合作专项规划研究课题任务，派员参加专家组工作并完成了《能源国际合作安全性和风险研究》《能源国际合作金融保障研究》等课题。

（三）实施积极承保政策，完善服务机制

一是积极完善内部政策制度，制定出台了《落实“一带一路”战略实施意见》《落实国家重大战略，加快中长期业务发展的政策措施》《重大项目项目险推动管理办法》《关于落实外贸座谈会精神，加快推动中长期险业务相关工作措施的通知》《落实支持装备“走出去”和推进国际产能合作工作方案》《项目险承保政策指引及实施细则》等一系列文件和针对性措施，对“一带一路”沿线国别业务实施了差异化的积极承保政策，对国家重大项目在项目甄选、业务流程、承保要求、工作效率等方面进行了规范优化。二是加强了对战略项目、重大项目的推动指导，建立了分工协作、高效运转的内部工作机制。以基础设施互联互通、能源资源开发利用、经贸产业合作区建设、产业核心技术研发支撑等战略性项目为优先支持重点，推动示范性项目承保。三是完善调整产品及配套功能，进一步修订升级了出口买方信贷保险、海外投资保险和海外租赁保险产品，开展对“一带一路”沿线国别债券保险产品的研究；出台了针对重大项目的简易赔付机制，加强对“一带一路”国别渠道布局，制定有针对性的追偿方案，提升服务水平；集中信息渠道和专业力量，研究并发布了《国家风险分析报告：“一带一路”国家》（2015 年版）、《“一带一路”国家风险参考评级》等一系列有针对性的国家风险和行业风险研究报告，组织开展了多场各类“一带一路”沿线国家风险宣讲，全力为企业和金融机构提供风险管理指引。

（四）深入推进国别、行业整体开发，加强银保专项合作

一是加强与国内金融机构协作，分别与中国工商银行、中国建设银行和丝路基金等金融机构签署了《服务“一带一路”专项合作协议》，共同

提升金融服务“一带一路”建设的能力。二是加强国别整体开发力度，推动与沿线重要国家如巴基斯坦、沙特阿拉伯、埃及等国政府部门签署框架合作协议或融资保险额度协议，提高企业参与国际市场的竞争力。三是强化与农业部的战略合作机制，推动了中国－塔吉克斯坦农业科技示范园等重点投资项目承保，推广了远洋渔业统一承保模式；船舶行业开发有序推进，与中国船级社签署战略合作协议，开展船东整体营销。四是加强与国际金融机构合作，与国际金融机构合力开发重点行业。如与俄罗斯外贸银行、哈萨克斯坦开发银行等签署合作框架协议，重点合作开发基础设施、电力、交通、农业领域项目等。

2015 年，中国信保积极发挥中长期出口信用保险、海外投资保险和短期出口信用保险的政策性作用，重点支持了电力、铁路、电信、能源、海工装备以及对外工程承包等资本和技术密集型行业，支持了一批拥有技术和服务实力的自主品牌龙头企业，承保了巴基斯坦卡哈拉水电站、俄罗斯奥杰罗铅锌矿等一批“一带一路”重大项目，有效推动了我国产品、装备、产能、资金“走出去”，以及与“一带一路”沿线国家的互联互通、共同发展，为国家“一带一路”倡议的实施提供了坚实保障。

同时，为推进国际产能和装备制造合作，加快中国装备“走出去”步伐，中国信保对大型成套设备出口融资应保尽保，全年承保大型成套设备出口 222.9 亿美元，支持了越南莱州水电站成套设备项目、埃塞俄比亚轻轨配套输变电项目、阿根廷布宜诺斯艾利斯市地铁供货等一批重大项目；同时发挥风险保障和促进融资的功能，通过企业、信保与银行三方的赔款或应收账款转让融资安排，降低企业融资成本，提高融资效率，全年通过中长期出口信用保险为企业获得银行融资 167.1 亿美元，为我国装备制造企业开拓海外市场提供了坚实保障。

二、服务“一带一路”倡议典型案例

（一）海外投资保险支持农业“走出去”

塔吉克斯坦是我国“一带一路”沿线国家之一。中塔两国相邻，农业互补性强，加强我国与塔国的农业合作，既符合国家发展战略，也符合双方长远互惠共赢利益，特别对解决当地的粮食短缺、稳定我国边疆安全有着十分重要的意义。

2014 年，中国、塔吉克斯坦两国元首签署《中塔关于进一步发展和深化战略伙伴关系的联合宣言》，指出双方将共同推进建设农业科技示范园区。同年，中国外交部长王毅代表中方签署《中华人民共和国农业部与塔吉克斯坦共和国农业部关于共建中塔农业科技示范中心的谅解备忘录》。2015 年，中塔农业科技示范园项目被我国农业对外合作部国际联席会议机制（“部际联席会议”）列入 2015 年农业“走出去”探索试点项目清单。该项目位于塔吉克斯坦哈德隆州亚湾区，占地面积 8500 公顷，其中：订单棉花种植 6500 公顷，小麦生产基地 1000 公顷，玉米生产基地 1000 公顷。在园区内 4 号院拟配套建设总面积约 1 万平方米、年产 2 万吨皮棉的棉花加工厂。

中国信保一直以来积极为农业“走出去”项目提供风险保障和融资便利服务。在了解到该项目实施过程中面临资金短缺的实际困难后，中国信保迅速赴塔吉克斯坦实地考察，积极与融资银行开展商谈，为企业出谋划策。2015 年 9 月，中国信保为该项目出具海外投资保险保单，为项目融资担保结构的落实画上圆满句号。

该项目的顺利实施，帮助塔方农民有效提高了种植技术和塔方农产品产量及质量，并且带动了当地的就业和增加税收收入，作为“一带一路”建设早期收获项目之一，该项目成为中塔双方共建丝绸之路经济带的有力支撑。

（二）前置服务助力中方企业拓展孟加拉国电力市场

2013 年下半年，孟加拉国最大的国有电力公司 B 公司分别宣布了 4 家中方企业获得总装机容量约 1100MW 的 4 个电站项目 EPC 总包合同的优先中标资格。消息一公布，中方企业喜出望外，这是孟加拉国这个中、日、美、印四国长期角力的市场上中国公司取得的一次巨大胜利，4 个项目约 10 亿美元的合同价值是一块不小的“蛋糕”，若最终能被中方获得，将奠定中国企业未来多年在该国电力工程承包市场的主导地位，同时也为中资企业进一步参与孟加拉国这个南亚人口大国的电力投资机会打开了一扇窗户。机会稍纵即逝，但孟方给的难题也不小。

孟加拉国是联合国认定的世界上最不发达国家之一，国家经济发展长期依靠国外援助和各类优惠贷款，尽管该国非常缺电，但政府每年划拨给电力部的预算极其有限。就在孟加拉国 B 公司宣布中方企业预中标的同时，该机构宣布 4 个项目无法按照国家惯例支付给中方企业工程预付款，以及项目需要获得 100% 合同价格的融资，并且有关融资条件应与优惠贷款条件看齐。没有预付款，设备订货的钱从哪来？100% 融资超过了一般最多给合同金额 85% 融资的出口信贷惯例，商贷条件向优贷靠拢更不可能。面临上述要求，中国企业作为合同乙方明知无法落实，但也不敢轻易拒绝，项目至此停滞不前。此时，B 公司更是步步紧逼，提出如果无法满足上述要求，将对 4 个项目重新招标。中方市场人员面临巨大压力，某些外国施工企业更是觊觎项目有推倒重来的可能。

上述情况，通过各方渠道汇总到中国信保后，为了保护中方企业的中标成果，中国信保主动出击，牵头联合中外资银团与孟加拉国B公司开始长达两个月的融资保险谈判。经过反复研究谈判策略，中方认为孟加拉国政府要求B公司迅速上马4个电站以解国内电力短缺燃眉之急的迫切需求真实存在，中方无论是在合同价格上和项目施工速度上都具备较大优势，且国际多边机构和其他国出口信贷机构不可能在短期内承诺大额度资金安排，项目谈判破裂的可能性不大。在此基础上，中国信保与中外资银行在资金供给方组成攻守同盟的联合阵营，中方的谈判力度因此大大提高。经过多轮协商，双方最终就融资保险条件达成一致。B公司最终同意在政府预算极其有限的情况下为中方企业支付预付款，同时中国信保也考虑到孟方确实预算紧张，同意4个项目的保险费通过银行融资解决（保费资本化）。其次，为了确保融资条件能够得到孟加拉国政府部门批准，中国信保也协调银团适当降低了贷款利率，使得B公司得到了实惠。截至目前，上述4个项目已动工建设。以此为基础，中方企业在孟加拉国的市场地位得以巩固，2015年，中国信保新受理孟加拉国电力项目合同金额超过50亿美元，中资企业已主导了该国大多数电力建设项目。

以上为例，为了确保重大项目融资落实，中国信保的前置服务工作在“一带一路”各个国家正在有序开展，与当地国政府和有关机构的合作协议正在逐个签署和落实中。

（三）推动建设“中埃产能合作机制”

埃及是非洲第三大经济体，经济基础较好，地区影响力强。作为中国在非洲地区重要的战略合作伙伴，埃及在中国的对外战略中处于非常重要的地位。埃及目前已被列为“一带一路”倡议和非洲“三网一化”战略的重要支点国家，也是两大对外战略的唯一交汇之处。

2014 年 12 月，埃及总统塞西访华，与李克强总理就建立中国－埃及产能合作机制达成共识，两国将在电力、交通、能源等基础设施建设领域开展合作。中国信保积极发挥出口信用保险融资功能，与国内金融机构组成融资团队，助力中埃产能合作。2015 年，在融资团队的通力协作下，埃及 500KV 国家电网升级改造项目、开罗新首都开发项目、汉纳维燃煤电站项目等多个重点产能合作项目的融资条件达成一致。2016 年 1 月，习近平主席访问埃及，中埃双方共签署了近 100 亿美元的商务合同，均由中国信保和国内融资行组成的融资团队提供融资支持。期间，中国信保董事长王毅与埃及电力与可再生能源部部长穆罕默德・谢克尔在两国领导人的见证下签署了《关于重点电力合作项目的融资保险框架协议》，为双方进一步深化合作奠定了良好的基础。

目前，中埃产能合作机制重点项目正在有条不紊地推进。中国信保正在积极嵌入其中，切实做好中国企业赴埃投资和承揽工程的铺路石、保护伞，努力为推动中埃产能合作机制建设和“一带一路”建设发挥更大的作用。

附录一

中国信保政策性职能履行评价指标体系构建方案

一、指标设计的思路和原则

基于出口信用保险的特殊功能和经营特征，中国信保政策性职能履行评价指标体系设计的总体思路是：根据国情和公司现状，参考国际ECA政策性职能评价经验和通用评价指标，紧紧围绕中国信保改革后的定位与职能，以“促进对外经济贸易发展、促进经济增长、就业与国际收支平衡”的经营宗旨为重点，科学设计符合中国信保实际的评价指标体系。具体指标设计遵循的原则包括：

1. 科学性

指标选取要科学，要能够真实、合理地反映信用保险各主要业务的特殊功能和作用，客观呈现整体履职水平。

2. 全面性

指标设计要覆盖政策性职能的主要方面，对于可以量化职能效果的尽可能量化，对于效果难以量化的，从行动侧进行评价。

3. 可操作性

选择的指标既要能够实现相应指标的数据获取和测算，还要通用明了、认同度高。

4. 可持续性

指标的设定要相对稳定与统一，在时间上具有可延续性，在内涵上具有可拓展性，能够不断完善和发展。

二、指标体系的框架设计

按照总体设计思路与原则，根据中国信保业务特点和改革后新章程的职能定位（包括：促进对外经济贸易发展、促进经济增长、促进就业和促进国际收支平衡四大政策性职能），从功能性和行动性的角度对指标体系进行构建。其中“功能性指标”由 1 个一级指标、5 个二级指标和 5 个三级量化指标构成；“行动性指标”由 1 个一级指标、6 个二级指标和 21 个三级量化指标构成（详见表 A. 1）。

一级指标“宏观经济效应”是对“功能性指标”的总体概括，主要用于说明中国信保政策性履职的宏观效能，分别从出口促进、投资促进、消费促进、GDP 增长和就业促进 5 个方面（即 5 个二级指标）进行评价，具体包括 5 个三级量化指标：出口拉动比例、投资拉动比例、消费拉动比例、信用保险对 GDP 的贡献率和就业拉动比例。

一级指标“结构和部门效应”是对“行动性指标”的总体概括，主要表示中国信保为实现政策性职能履行而开展的工作，分别从支持“走出去”战略、支持国家外交战略、支持出口、支持出口结构调整、支持区域经济发展和支持企业发展 6 个方面（即 6 个二级指标）进行阐释，包括 21

个三级量化指标：海外投资渗透率、对外承包工程覆盖率、“一带一路”渗透率、“一带一路”业务占比、重点地区渗透率、出口渗透率、客户覆盖率、新兴市场渗透率、新兴市场业务占比、重点行业渗透率、重点行业业务占比、重点国别渗透率、重点国别业务占比、中西部地区出口渗透率、中西部地区海外投资支持率、东北老工业基地出口渗透率、东北老工业基地海外投资支持率、小微企业覆盖率、损失补偿、追偿效果和融资比例。

表 A.1 中国信保政策性职能履行评价指标代码（中英文对照）

一级指标	二级指标	三级指标
宏观经济效应 Macroscopic Effect (M)	出口促进 Promoting of Export (ME)	出口拉动比例 Ratio of Export Promoting (MER)
	投资促进 Promoting of Investment (MI)	投资拉动比例 Ratio of Investment Promoting (MIR)
	消费促进 Promoting of Consumption (MC)	消费拉动比例 Ratio of Consumption Promoting (MCR)
	GDP 增长 Promoting of GDP (MG)	信用保险对 GDP 的贡献率 Contribution of GDP Promoting (MGC)
	就业促进 Promoting of Labour Force (ML)	就业拉动比例 Ratio of Labor Force Promoting (MLR)
结构和部门效应 Structure-Sectional Effect (S)	支持国家外交战略 Support of Diplomatic Strategy (SD)	重点地区渗透率 Ratio of Important Countries And Organization (SDR)
	支持“走出去”战略 Support of Go-Abroad Strategy (SG)	海外投资渗透率 Ratio of Overseas Investment (SGI)
		对外承包工程覆盖率 Ratio of Foreign Construction (SGC)

续表

一级指标	二级指标	三级指标
结构和部门效应 Structure-Sectional Effect (S)	支持“走出去”战略 Support of Go-Abroad Strategy (SG)	“一带一路”渗透率 Ratio of the Belt and Road Countries (SGB)
		“一带一路”业务占比 Proportion of the Belt and Road Countries (SGP)
	支持出口 Support of Export (SE)	出口渗透率 Ratio of Export (SEE)
		客户覆盖率 Ratio of Client (SEC)
	支持出口结构调整 Support of Export Structure Adjustment (SS)	新兴市场渗透率 Ratio of Emerging Market (SSE)
		新兴市场业务占比 Proportion of Emerging Market (SSM)
		重点行业渗透率 Ratio of Key Industries (SSK)
		重点行业业务占比 Proportion of Key Industries (SSI)
		重点国别渗透率 Ratio of Key Countries (SSC)
		重点国别业务占比 Proportion of Key Countries (SSP)
	支持区域经济发展 Support of Regional Economics (SR)	中西部地区出口渗透率 Ratio of Midwest Export (SRM)
		中西部地区海外投资支持率 Ratio of Midwest Overseas Investment (SRW)

一级指标	二级指标	三级指标
结构和部门效应 Structure-Sectional Effect (S)	支持区域经济发展 Support of Regional Economics (SR)	东北老工业基地出口渗透率 Ratio of Northeast Export (SRN)
		东北老工业基地海外投资支持率 Ratio of Northeast Overseas Investment (SRE)
	支持企业发展 Support of Enterprises (SF)	损失补偿 Compensation of Loss (SFC)
		追偿效果 Recovery of Receivable (SFR)
		减损效果 Reduction of Loss (SFL)
		融资比例 Proportion of Financing (SFF)
		小微出口企业覆盖率 Ratio of Small/Micro Enterprises (SFE)

三、评价指标释义

中国信保政策性职能履行评价指标体系共包括 26 个指标，指标含义及计算公式如下。

1. 出口拉动比例

【代码】MER

【经济意义】当年出口额中，由信用保险所拉动的出口额所占比例，体现信用保险对出口的促进作用

【计算公式】保额对出口的综合拉动额/出口额 ×100%

【数据来源】保额对出口的综合拉动金额由模型计算；出口额来自《中国统计年鉴》

2. 投资拉动比例

【代码】MIR

【经济意义】当年固定资产投资中，由信用保险所拉动的投资所占比例，体现信用保险对投资的促进作用。信用保险促进出口，出口拉动投资，信用保险对投资起到间接的促进作用

【计算公式】保额对投资的综合拉动额/固定资产投资总额×100%

【数据来源】出口对投资的综合拉动金额由模型计算；固定资产投资总额来自《中国统计年鉴》

3. 消费拉动比例

【代码】MCR

【经济意义】当年社会消费品零售总额中，由信用保险所拉动的消费额所占比例，体现信用保险对消费的促进作用。信用保险促进出口，带动 GDP 增长，进而带动收入增长，从而促进消费增长，信用保险对消费起到间接的促进作用

【计算公式】［信用保险拉动出口×（居民消费/GDP）×增加值率］/社会消费品零售总额×100%

【数据来源】总消费来自《中国统计年鉴》

4. 信用保险对 GDP 的贡献率

【代码】MGC

【经济意义】信用保险保额增长带动出口额增长占 GDP 的比重，体现信用保险对经济增长的贡献。信用保险促进出口，进而从需求侧带动 GDP 增长，信用保险对 GDP 增长起到间接的促进作用

【计算公式】保额拉动出口额/GDP×100%

【数据来源】出口和GDP来自《中国统计年鉴》；保额拉动出口额由模型计算得到

5. 就业拉动比例

【代码】MLR

【经济意义】保额拉动的就业人数与参与出口生产的行业就业人数之比。信用保险促进出口，出口拉动就业，信用保险对就业起到间接的维持或促进作用

【计算公式】保额拉动就业人数/参与出口生产的行业就业人数×100%

【数据来源】保额拉动就业人数由模型计算；各行业就业人数根据《中国劳动统计年鉴》推算

6. 重点地区渗透率

【代码】SDR

【经济意义】定性描述或计算重点地区渗透率，体现中国信保贯彻国家外交战略的力度

【计算公式】相关地区保额/相关国别出口额×100%

【数据来源】中国信保业务数据

7. 海外投资渗透率

【代码】SGI

【经济意义】中国信保海外投资保险每年新增项目保额对同期我国非金融类对外直接投资额的比例，体现中国信保贯彻国家“走出去”战略，通过海外投资保险对我国企业开展国际化经营，保障投资风险的支持力度

【计算公式】海外投资保险新增项目保额/我国非金融类对外直接投资

额×100%

【数据来源】海外投资保险新增项目保额来自中国信保业务数据；非金融类对外直接投资额来自商务部统计

8. 对外承包工程覆盖率

【代码】SGC

【经济意义】中国信保每年对外承包工程项下的中长期险和特险承保项目的合同额或保额对同期我国对外承包工程新签合同额的比例，体现中国信保贯彻国家外交、外经贸和“走出去”战略的支持力度

【计算公式】（对外承包工程项下的中长期险承保合同额＋特险的累计承保合同额）/我国每年对外承包工程新签合同额×100%

【数据来源】对外承包工程项下的中长期险和特险承保合同额来自中国信保业务数据；每年对外承包工程新签合同额来自商务部统计

9. “一带一路”渗透率

【代码】SGB

【经济意义】中国信保承保“一带一路”沿线国家的保额占我国对“一带一路”沿线国家总出口额的比例，体现中国信保服务“一带一路”建设的力度

【计算公式】“一带一路”沿线国家保额/“一带一路”沿线国家出口额×100%

【数据来源】中国信保业务数据

10. “一带一路”业务占比

【代码】SGP

【经济意义】中国信保承保“一带一路”沿线国家的保额占中国信保所有业务保额的比例，体现中国信保服务“一带一路”建设的力度

【计算公式】“一带一路”沿线国家保额/中国信保出口险和海外投资险业务保额×100%

【数据来源】中国信保业务数据

11. 出口渗透率

【代码】SEE

【经济意义】渗透率为出口信用保险承保金额占总出口金额的比例，是国际 ECA 机构通常采用的一项指标

【计算公式】出口险保额/出口额×100%

【数据来源】出口额来自《中国统计年鉴》；保额等来自中国信保业务数据

12. 客户覆盖率

【代码】SEC

【经济意义】出口信用险服务支持客户数对有出口实绩企业数量的比例，体现中国信保对推动我国出口企业的支持力度

【计算公式】出口险客户数/当年有出口实绩的出口企业数×100%

【数据来源】中国信保业务数据

13. 新兴市场渗透率

【代码】SSE

【经济意义】中国信保承保的新兴市场国家的保额占我国对新兴市场国家的总出口额的比例，体现中国信保服务市场多元化战略的力度。新兴市场指除欧盟、美国、日本和中国香港之外的国家和地区，下同

【计算公式】新兴市场保额/新兴市场国家出口额×100%

【数据来源】出口额来自《中国统计年鉴》；保额等来自中国信保业务数据

14. 新兴市场业务占比

【代码】SSM

【经济意义】中国信保承保的新兴市场国家的保额占中国信保所有业务保额的比例，体现中国信保服务市场多元化战略的力度

【计算公式】新兴市场保额/中国信保出口险和海外投资险业务保额×100%

【数据来源】中国信保业务数据

15. 重点行业渗透率

【代码】SSK

【经济意义】中国信保承保的重点行业保额占这些行业总出口额的比例，体现中国信保贯彻国家行业发展战略的力度。重点行业采用中国信保统计口径的八大行业，包括机电、高新技术、轻工、汽车、船舶、农产品、医药、纺织，下同

【计算公式】重点行业保额/重点行业出口额×100%

【数据来源】中国信保业务数据

16. 重点行业业务占比

【代码】SSI

【经济意义】中国信保承保的重点行业保额占中国信保所有业务保额的比例，体现中国信保贯彻国家产业发展和产业结构调整等战略的力度

【计算公式】重点行业保额/中国信保出口险和海外投资险业务保额×100%

【数据来源】中国信保业务数据

17. 重点国别渗透率

【代码】SSC

【经济意义】中国信保承保的重点国别保额占这些行业总出口额的比例，体现中国信保贯彻国家外经贸结构调整战略的力度，重点国别为商务部定义的28个国家[①]

【计算公式】重点国别保额/重点国别出口额×100%

【数据来源】出口额来自《中国统计年鉴》；保额等来自中国信保业务数据

18. 重点国别业务占比

【代码】SSP

【经济意义】中国信保承保的重点国别保额占中国信保所有业务保额的比例，体现中国信保贯彻国家外经贸结构调整战略的力度

【计算公式】重点国别保额/中国信保出口险和海外投资险业务保额×100%

【数据来源】中国信保业务数据

19. 中西部地区出口渗透率

【代码】SRM

【经济意义】中国信保承保的中西部地区的出口信用险保额占同期我国中西部地区出口额的比例，体现中国信保贯彻国家“西部大开发”战略，对区域经济结构调整的支持保障力度

【计算公式】中西部地区保额/中西部地区出口额×100%

【数据来源】中国信保业务数据

① 重点国别包括阿尔及利亚、阿根廷、阿联酋、阿塞拜疆、埃及、安哥拉、巴西、俄罗斯、哥伦比亚、哈萨克斯坦、罗马尼亚、马来西亚、秘鲁、缅甸、墨西哥、南非、尼日利亚、沙特阿拉伯、坦桑尼亚、土耳其、土库曼斯坦、委内瑞拉、乌克兰、乌兹别克斯坦、匈牙利、印度、印度尼西亚、越南。下同。

20. 中西部地区海外投资支持率

【代码】SRW

【经济意义】中国信保承保的中西部地区的海外投资保险保额占非金融投资的比例，体现中国信保贯彻国家“走出去”战略，对区域经济发展的支持保障力度

【计算公式】中西部地区海外投资新增项目保额/中西部地区非金融投资额×100%

【数据来源】中国信保业务数据

21. 东北老工业基地出口渗透率

【代码】SRN

【经济意义】中国信保承保的东北地区（主要指东三省，下同）的出口信用险承保金额占同期我国东北地区出口额的比例，体现中国信保贯彻国家老工业基地振兴战略，对区域经济发展的支持保障力度

【计算公式】东北地区保额/东北地区出口额×100%

【数据来源】中国信保业务数据

22. 东北老工业基地海外投资支持率

【代码】SRE

【经济意义】中国信保承保的东北地区海外投资保险保额占非金融投资的比例，体现中国信保贯彻国家老工业基地振兴战略，对区域经济发展的支持保障力度

【计算公式】当年东北地区海外投资新增项目保额/上年东北地区非金融投资额×100%

【数据来源】中国信保业务数据

23. 损失补偿

【代码】SFC

【经济意义】中国信保在当年向客户支付的累计已决赔款金额，体现中国信保对保户损失的直接补偿力度

【计算公式】已决赔款金额

【数据来源】中国信保业务数据

24. 追偿效果

【代码】SFR

【经济意义】当年新增赔后追回款，体现中国信保通过追偿手段为客户减少的损失

【计算公式】已决（部分）赔付案件项下经过中国信保追讨，从债务人或其他相关责任方追回的款项

【数据来源】中国信保业务数据

25. 融资比例

【代码】SFF

【经济意义】企业通过信用保险获得的融资额占我国同期一般贸易出口额比例，体现中国信保的保单融资功能对外贸的支持

【计算公式】保单融资规模/一般贸易出口额×100%

【数据来源】中国信保业务数据

26. 小微企业覆盖率

【代码】SFE

【经济意义】中国信保服务的小微企业数目占我国小微企业总数的比重，体现中国信保对小微出口企业的支持力度，小微企业对于保障就业有积极意义

【计算公式】小微企业服务支持客户数/当年有出口实绩的小微企业数×100%

【数据来源】中国信保业务数据

四、宏观经济效应指标计算简介

（一）出口拉动效应

1. 拉动乘数

通常认为信用保险对出口的拉动具有放大作用，体现为乘数效应，是指信用保险保额的增减所引起的出口额变化的连锁反应程度。在此项研究中，乘数是通过构建引力模型计算得到的。引力模型的基本形式如下：

$$\ln(Exports_{i,t}) = \beta_0 + \beta_1 \times \ln(Insurance_{i,t}) + \beta_2 \times \ln(GDP_{i,t}) + \beta_3 \times \ln(Icrg_{i,t}) + \beta_4 \times \ln(Distance_i) + \varepsilon_{i,t}$$

其中，ln（$Exports_{i,t}$）是中国对 i 国家和地区 t 期的实际出口额的对数，ln（$Insurance_{i,t}$）是中国对 i 国家和地区 t 期出口信用保险额的对数，ln（$GDP_{i,t}$）是 i 国家和地区 t 期的实际 GDP 的对数，ln（$Icrg_{i,t}$）是 i 国家和地区 t 期的政治风险指数的对数，ln（$Distance_i$）是中国与 i 国家和地区距离的对数。

乘数可表示为 $m = \Delta Y/\Delta X$，其中 Y 为出口额，X 为保额。而根据引力模型的回归公式，弹性系数 β_1 =（$\Delta Y/Y$）/（$\Delta X/X$），有：

$$m = \beta_1 \times Y/X$$

在 β_1 确定的情况下，拉动乘数和 Y/X 有关。即在弹性系数确定的情况下，拉动乘数和渗透率成反比。

2. 出口拉动比例计算

由于乘数单调递减，直接用其来体现拉动效应容易引起误解，因此我们采用了更为直观的方法，即用拉动金额（占比）来体现，用乘数（用 m 表示）乘以当年新增保额（用 Δp 表示），得到当年新增保额所拉动的出口额（用 ΔE 表示）。

$$\Delta E = m \times \Delta p$$

以上得到保额拉动的边际增量。边际增量的累计值即为当年保额对出口的拉动金额。即：

$$E = \sum_{i}^{n} \Delta E$$

n 表示从2003年为起点计算的年份数，如2012年 $n=10$。将保额拉动的出口金额比上出口总金额，即可衡量信用保险对出口的拉动作用，即：

出口拉动比例 = 保额对出口的拉动金额/出口额 × 100%

（二）就业拉动效应

出口对就业具有积极的拉动效应，拉动作用可分为三个方面：一是出口生产直接增加了相关行业的就业规模；二是为出口生产准备中间投入品和投资品的行业，受出口扩张会增加劳动力需求；三是出口通过收入效应广泛作用于经济体系的各方面从而拉动就业。第一点是出口促进就业的直接效应，第二点和第三点则是间接效应。测算采用了投入产出法，主要关注就业的直接拉动效应和部分间接效应（出口中间投入品带来的就业增量）。测算时首先测算基准年份单位出口拉动的就业，然后利用信用保险对出口的拉动作用，进一步测算对就业的拉动数。

1. 利用投入产出模型测算出口拉动就业的效率

利用投入产出模型，可以计算得到出口所拉动的就业人数以及拉动效率。

$$出口拉动的就业人数 = LC \times (I-A)^{-1} \times EXPORT$$

其中：LC 为劳动力投入系数矩阵，$(I-A)^{-1}$为列昂锡夫逆矩阵，$EXPORT$ 为行业出口矩阵。

出口拉动的就业人数矩阵中第 j 列元素之和表示行业 j 出口在整个经济体中所拉动的就业人数；第 i 行元素之和表示经济体中所有行业出口在行业 i 中所拉动的就业人数。

2. 就业拉动比例计算

得到出口拉动的就业人数后，根据信用保险的出口拉动比例，即可得到信用保险拉动的就业人数，即：

保额拉动就业人数 = 单位出口拉动就业人数 × 保额对出口的拉动金额

信用保险对出口就业拉动比例 = 保额拉动就业人数/出口部门就业总人数 × 100%

（三）信用保险对 GDP 的贡献率

按支出法衡量，最终消费、投资以及净出口是 GDP 增长的三驾马车。信用保险拉动了出口，出口对 GDP 增长作出贡献，利用出口对 GDP 的贡献以及信用保险所拉动的出口比例，即可估算信用保险对 GDP 贡献的大小。

出口对 GDP 的贡献率 = 出口额/GDP × 100%

根据信用保险保额所拉动的出口占总出口的比例，乘以出口对 GDP 的贡献率，即可得到信用保险对 GDP 的贡献率。

信用保险对 GDP 的贡献率 = 出口对 GDP 的贡献率 × 保额拉动的出口/出口 × 100% = 保额拉动的出口/GDP × 100%

（四）投资拉动效应

我国固定资产投资相当比例是用于保障出口生产的。出口保险促进了出口的增长，进一步推动了投资的扩张。测算原理与就业拉动方法相似，采用投入产出法。先测算基准年份单位出口拉动的投资，再利用出口信用保险拉动的出口额进一步测算，得到最终拉动的投资额。

1. 利用投入产出模型测算单位出口拉动的投资

利用投入产出模型，可以计算得到出口所拉动的固定资产投资。

$$\text{出口拉动的固定资产投资} = LC \times (I - A)^{-1} \times EXPORT$$

其中：LC 为固定资产投资投入系数矩阵，$(I-A)^{-1}$ 为列昂锡夫逆矩阵，$EXPORT$ 为行业出口矩阵。

2. 投资拉动比例计算

得到出口拉动的固定资产投资额后，根据信用保险的出口拉动比例，即可得到信用保险拉动的固定资产投资额。

信用保险对投资拉动比例 = 保额拉动固定资产投资/固定资产投资总额 ×100%

（五）消费拉动效应

在一定时间内消费率保持相对稳定，所以 GDP 增长通常会带动相应的消费增长。信用保险拉动出口，进而拉动了 GDP，从而增加了劳动者报酬，并转化为居民消费的增长。消费拉动比例为当年社会消费品零售总额中，由信用保险所拉动的消费所占比例，体现信用保险对消费的促进作用。

消费拉动比例 = ［信用保险拉动出口 ×（劳动者报酬/总产出）×（居民消费/劳动者报酬）］/社会消费品零售总额 ×100%

简化如下：

消费拉动比例＝［信用保险拉动出口×（居民消费/GDP）×增加值率］/社会消费品零售总额×100%

附录二

中国信保地区政策性职能履行指标体系

参照“中国信保政策性职能履行评价指标体系”，结合各地区政策性职能履行实践情况，构建出“中国信保地区政策性职能履行评价指标体系”。评价指标体系从宏观和微观两个方面进行构建，共包括 15 个指标。宏观方面主要用于说明分支机构政策性履职的宏观效能，分别从出口拉动和就业拉动两个方面进行评价。微观方面，主要表示分支机构为实现政策性职能履行而开展的工作，指标涵盖支持出口、支持出口结构调整、支持“走出去”战略、支持企业发展等方面的指标。指标体系的含义和计算公式见表 A. 2。

表 A.2　地区政策性职能履行评价指标体系

类型	序号	三级指标	计算公式
宏观效应	1	拉动出口金额	出口险保额对出口的综合拉动额
	2	拉动就业人数	保额拉动就业人数
微观效应	3	出口渗透率	出口险保额/出口额
	4	客户覆盖率	出口险客户数/出口企业数
	5	新兴市场渗透率	新兴市场保额/新兴市场出口额
	6	新兴市场业务占比	新兴市场保额/出口险和海外投资险业务保额
	7	重点行业渗透率	重点行业保额/重点行业出口额
	8	重点行业业务占比	重点行业保额/出口险业务保额
	9	重点国别渗透率	重点国别保额/重点国别出口额
	10	重点国别业务占比	重点国别保额/出口险和海外投资险业务保额
	11	“一带一路”渗透率	“一带一路”保额/“一带一路”出口额
	12	“一带一路”业务占比	“一带一路”保额/出口险和海外投资险业务保额
	13	损失补偿	已决赔款
	14	追偿效果	当年新增赔后追回款
	15	小微出口企业覆盖率	小微出口企业客户数/小微出口企业数

附录三

中国信保主要产品简介

中国信保成立以来，我国信用保险发展实现了质的飞跃。产品服务体系日臻完善，形成了包括项目险、贸易险和担保三大业务板块，以及资信评估、融资服务等在内的完整的信用风险管理服务体系。

一、项目险产品

项目险由中长期出口信用保险、海外投资保险两大类业务组成。

中长期出口信用保险：旨在鼓励资本性货物的出口以及海外工程承包项目，为出口企业收回延期付款及融资机构收回贷款本金和利息提供风险保障。承保业务的信用期限一般为 2 ~ 15 年。产品包含：出口买方信贷保险、出口卖方信贷保险、出口延付合同再融资保险、海外融资租赁保险。

海外投资保险：为投资者或融资银行因东道国发生的征收、汇兑限制、战争及政治暴乱及违约等风险造成的股权/债权投入损失及贷款无法收回损失提供风险保障。产品包含：海外投资股权保险、海外投资债权保险。

二、贸易险产品

贸易险包含出口贸易险、出口特险、国内贸易信用保险和进口信用保险等四类险种。

出口贸易险：面向各类出口企业以及融资银行，主要适用于各类商品或服务的常规出口贸易，保障以信用证、非信用证方式出口的信用期限一般在一年以内的应收账款收汇风险。根据出口企业和融资银行不同的风险控制要求，中国信保又相继推出了多种针对不同客户群体、贸易模式的新产品和承保模式，如：短期出口信用保险综合保险、中小企业综合保险、小微企业信保易、出口信用保险（银行）保险单等。

出口特险：保障中国境内注册的出口企业在出口合同和工程承包合同项下，由于买方未履行或无法履行合同项下的付款义务，或因政治风险而遭受的应收账款损失或实际投入成本损失风险。产品包含：特定合同保险和买方违约保险。

国内贸易信用保险：保障在中国境内注册的企业开展国内贸易过程中面临的信用风险。产品包含：国内贸易信用保险、国内贸易预付款信用保险等。

进口信用保险：承保在中国境内注册的企业开展进口贸易过程中面临的境外信用风险。产品包含：进口预付款保函、投标保函、履约保函等。

三、担保业务

担保业务是信用保险业务的辅助性业务，具有推动信用保险业务发展的功能。公司的担保业务包括融资担保和非融资担保两大类，融资担保支持我国出口商从国内（外）银行进行融资，非融资担保是为出口商提供履行合同所必需的保函。

四、其他服务

保单融资：企业在投保信用保险并将赔款权益转让给银行后，银行可向其提供贸易融资，在发生保险责任范围内的损失时，中国信保根据《赔款转让协议》的规定，按照保险单规定理赔后应付给企业的赔款直接支付给融资银行。

国别风险研究：中国信保组建了国内首家专门从事国家风险研究的智库型机构——国别风险研究中心，致力于建设与全球领先的信用保险机构相匹配的国家风险研究体系，充分发挥出口信用保险的独特作用和专业价值。主要研究领域包含：国家风险及主权信用风险评价方法体系基础研究，国家和地区政治、经济、金融、投资环境状况及发展趋势研究等。

资信评估服务：中国信保凭借独有的数据收集渠道和科学的技术手段，为国内外用户提供资信调查、信用评级、行业风险分析、海外投资咨询、信用管理咨询与培训等服务。